AF231799

GUIDE

POUR VISITER

BRANTOME

J. PRADIER

Guide

pour visiter

Brantôme

AVEC DOUZE VUES DE SES MONUMENTS

PÉRIGUEUX

IMPRIMERIE DE LA DORDOGNE

1898

BRANTOME

VISITE A SES MONUMENTS

Les moines avaient « un sentiment profond
de la beauté du monde extérieur et de la nature ;
ils l'admiraient comme le temple de la bonté, de
la lumière de Dieu, et comme un reflet de sa
beauté. Ils en ont laissé la preuve, d'abord dans
le choix de la plupart des emplacements de
leurs monastères, si remarquables par la con-
venance intime et le charme ineffaçable du site ;
puis dans la description qu'ils nous ont souvent
laissée de ces sites préférés. Qu'on lise les tableaux tracés par saint Bruno en parlant de sa
chartreuse de Calabre, et l'on se sentira pénétré
par cette intelligence délicate et profonde de la
nature rurale qui a inspiré à Virgile et à Dante
tant de vers immortels. De même que les seigneurs féodaux, et avant eux, les moines eurent ce goût du pittoresque, de la nature abrupte,

sauvage et variée, qui domine tout le moyen
âge et que l'on retrouve, comme une apparition
de l'idéal désiré, dans les paysages de Hemling
et de Van Eyck, bien que ces grands peintres
n'aient jamais habité que les campagnes mono-
tones de la Flandre. Ce goût disparut plus
tard avec tant d'autres formes du beau et du
bien ; les successeurs des vieux moines, comme
ceux des chevaliers, abandonnèrent dès qu'ils
le purent les forêts et les montagnes pour l'u-
niformité prosaïque des plaines ou des villes.
Mais les religieux des premiers siècles surent
découvrir et goûter toute la poésie de la nature. »

Cette page de l'auteur des *Moines d'Occident*
ne s'est jamais nulle part mieux vérifiée qu'à
Brantôme, où s'établirent de bonne heure les
religieux de saint Benoît.

Prenons, au hasard, quelques auteurs ou artistes qui ont décrit l'emplacement de cette
cité.

« Brantôme, dont le nom est devenu si célèbre dans le monde des Lettres, dit Elisée Reclus (1), Brantôme est surtout remarquable par
la beauté des sites environnants. Elle-même
est bâtie dans une île de la Dronne, entre des
rochers percés de grottes, qui furent habités
jadis ; les restes de son ancienne abbaye, ses
tours et ses clochers, les débris de son en-

(1) *Nouvelle Géographie de la France*, p. 476.

ceinte, son pont bizarre, l'écluse de la rivière, les grands arbres et les prairies de ses bords, forment un tableau à la fois original et charmant. »

« La vallée de la Dronne, écrit Joanne, est la plus jolie du département et peut-être de tout l'Ouest ; sauvage et déserte jusqu'à Saint-Pardoux-la-Rivière, elle s'élargit au confluent de la Côle (1) et se peuple dès lors de paysages enchanteurs. »

Dans la *France-Album* illustrée, actuellement en cours de publication, Ch. Durand ne ménage pas son admiration pour Brantôme, « la plus coquette ville qui se puisse imaginer, » dit-il. « Nous ne la décrirons pas, ajoute-t-il. Une description, en effet, aussi brillante et vécue fût-elle, ne saurait donner l'impression que cause la vue de ce si curieux clocher d'une église remontant, dit-on, à Charlemagne ; de cette guette hardie établie sur un contre-fort d'angle de l'église Notre-Dame, aujourd'hui transformée en halle ; de cette ceinture enfin d'originales constructions se mirant en d'exquis paysages, à chaque pas renouvelés, dans les eaux vives et limpides de la Dronne.

» C'est là un bijou, — vrai régal d'artiste, — qu'il faut voir et admirer sous toutes ses faces et qui laisse, lorsqu'on s'en éloigne, l'impression charmante d'un véritable enchantement (2) ».

(1) A quelques kilomètres en amont de Brantôme.
(2) *France-Album,* arrondissement de Périgueux.

Ecoutons maintenant un homme de lettres doublé d'un artiste : « Je ne connais pas de plus jolie petite ville que Brantôme, ni où l'on puisse trouver des impressions d'art et de nature plus exquises. On y arrive par un tramway à vapeur qui, avec sa petite machine trottinante, ressemble à un joujou. Il chemine vivement, sur le côté de la route, s'arrêtant dans les villages, sifflant comme un vrai chemin de fer, cornant comme un vélocipède, écrasant parfois un cochon, parfois un cheval de meunier, faisant danser les vaches et les bourriques, et suit une vallée capricieuse et verte, toute en grandes roches et en prairies, où coule une rivière à truites, coupée d'écluses dormantes et de moulins qui battent.

» Le pays, il y a une douzaine de siècles, se trouvait partagé entre les Druides et les Romains. Des moines s'y établirent, se logèrent dans les rochers, et, deux cents ans plus tard, Druides et Romains n'existaient plus. Il y avait un monastère où l'on n'avait vu d'abord que quelques ermites, et l'abbaye de Brantôme était désormais fondée, reconnue par les conciles, honorée de visites royales, pendant que toute une population croissait et bâtissait à son ombre.

» Puis vinrent les périodes de guerres et d'invasions, de sièges, de sacs, des alternatives de ruine et de relèvement, des reprises de prospérité et de nouvelles dévastations, et le Brantôme d'aujourd'hui est le fantôme et le souvenir de ces mille années d'art et d'histoire. Il commerce et vivote dans les restes de cintres, de frises et d'architraves, avec des échoppes de bourreliers et de marchands de tabac dans les murs des anciens abbés, un marché dont le vaisseau est celui de l'ancienne église, un clocher qui a sonné l'office à Charlemagne, un pont tournant qui a l'air d'un jubé sur l'eau, et des multitudes d'escaliers, de logettes, de treilles, de passerelles, de filets et de jardins reflétés dans la rivière qui entoure la petite ville comme une ceinture.

» L'une des curiosités de la ville se trouve dans les grottes dont il y a tout un faubourg. Des gens s'y sont maçonné des cases et les habitent, avec des fleurs et des loques à leurs lucarnes. Ces grottes, autrefois, formaient une véritable abbaye souterraine, et l'une d'elles était une chapelle...

» Qui a vu Brantôme ne peut plus l'oublier ! Il en revoit toujours la vallée, le vieux clocher, les grottes, le pont tournant, la rivière, les jardins lacustres ; il a toujours dans le regard cette petite Venise de verdure et d'eau douce. (1) »

A son tour, M. le baron de Verneilh signale « les trésors archéologiques de tout genre renfermés dans l'enceinte de Brantôme : l'église res-

____

(1) Maurice Talmeyr, art. publié dans la *Revue hebdomadaire*.

taurée par M. Abadie; son clocher qui peut se flatter d'être, après celui de St-Front, l'un des plus curieux de France ; les bâtiments immenses du xviie et du xviiie siècle de l'abbaye ; ceux moins importants mais plus gracieux du xvie, qui en dépendent ; le vieux pont coudé qui aboutit au joli pavillon de la Renaissance ; les fortifications du monastère, élevées plutôt pour le plaisir des yeux que pour une défense sérieuse ; les chapelles creusées dans le roc calcaire et leurs étranges bas-reliefs ; l'ancienne église paroissiale convertie en marché couvert ; et enfin les vieilles maisons ogivales ou Renaissance, que l'importance des autres monuments fait trop souvent négliger, mais qui n'en ont pas moins un véritable intérêt archéologique.

» C'est toujours avec une sorte d'ivresse, bien connue des antiquaires, que je revois ce joli coin de terre où on ne sait ce qu'il faut le plus admirer, de l'œuvre des hommes ou de celle de Dieu ; car le paysage est peut-être plus séduisant que la ville et les édifices qu'il encadre. » (1)

« La ville de Brantôme, écrivait l'abbé Audierne en 1842, est placée dans une île qu'entourent les eaux bleuâtres de la Dronne. L'espace qu'elle occupe, agrandi par trois fertiles vallées qui y aboutissent, présente à l'œil l'aspect le plus délicieux. C'est un admirable ta-

_____

(1) *Bulletin de .a Soc. historiq. et arch. du Périg.*, t. XIII, p. 60.

bleau que l'art et la nature se sont plu à embellir. Tout y est grand, gracieux et pittoresque. La Dronne, qui le parcourt, dans l'impossibilité de maîtriser sa marche rapide, se replie sur elle-même, décrit en ce lieu de nombreux circuits pour y séjourner, ce semble, plus longtemps. On dirait qu'elle ne s'éloigne qu'à regret. A l'ouest, d'immenses rochers, primitivement pleins de vie, dont les éléments constitutifs, devenus aujourd'hui de remarquables et curieux fossiles intéressant à la fois l'antiquaire et le naturaliste, ornent ce séjour enchanteur. De leur sein s'échappèrent sans efforts les matériaux nécessaires pour construire ces charmantes habitations, dont l'éclatante blancheur ne contraste avec le riche fonds de verdure sur lequel elles reposent, que pour en faire ressortir davantage toute la beauté. Au-dessus de leurs carrières profondes s'élèvent des chênes vigoureux, et courent, en serpentant, d'étroits sentiers. Plus d'une fois, sans doute, le druide y offrit des prières à ses divinités tutélaires et y cueillit le gui sacré avec une pompe et une majesté qui témoignent que, selon sa croyance, le chêne était le plus beau présent que le Ciel eût fait aux hommes. Contemplant ce bois mystérieux, dont chaque arbre rappelle un pieux souvenir, on suit des yeux de l'illusion le cortège religieux, allant cueillir le fruit divin auquel les anciens attribuaient d'étonnantes vertus.

» On voit les devins marcher les premiers, entonnant des cantiques et des hymnes en l'honneur du Dieu de l'univers ; ensuite un hérault, le caducée en main ; après lui, trois druides de front, portant les insignes du sacrifice ; enfin paraît le sacrificateur suprême, vêtu de blanc, tenant une faulx d'or, et le peuple l'accompagne dans un recueillement profond. Ce prince des druides monte sur le chêne et coupe respectueusement avec sa faucille le gui, que des prêtres d'un ordre inférieur reçoivent sur une étoffe précieuse, au moment où il tombe, aux acclamations les plus bruyantes. Après cette auguste cérémonie, on immolait deux taureaux blancs qui n'avaient jamais porté le joug, et un splendide festin terminait la solennité. Là aussi errait pensif et solitaire le studieux et grave bénédictin, dont le savoir admirera toujours les écrits.

» Que de richesses dans ce magnifique tableau ! Du pied des rochers jaillissent des sources fécondes dont les eaux, recueillies d'abord dans un bassin de forme élégante et gracieuse, s'échappent ensuite par des canaux souterrains pour aller vivifier d'immenses tapis de verdure. Plusieurs grottes, dont l'ouverture est à demi ombragée, laissent apercevoir une obscurité mystérieuse qui vient multiplier les émotions de l'âme diversement agitée. L'imagination trouve à se récréer partout où l'œil se repose. La vallée, qui ouvre un passage à la Dronne, offre la plus riante image d'une nature féconde et variée. On y remarque tous les genres de culture, et les rayons du soleil y sont tempérés par le frais ombrage des arbres nombreux qu'on y aperçoit. L'aulne, maître des bords de la rivière, mêle ses rameaux touffus aux branches élancées du pâle peuplier, et à côté de l'odorant tilleul et de l'orme croissent le noyer, le chêne et le hêtre. Des maisons d'une blancheur de neige, placées au milieu des massifs de verdure, semblent reposer sur les flots...

» A droite de ce riant tableau, au soleil couchant, à l'abri des vents du nord, et presque au pied des rochers caverneux, sur les rives de la Dronne, s'élève majestueusement, sur une longueur de cent vingt-sept mètres, un imposant édifice : il attire les regards, fixe l'attention et commande le respect. C'est une ancienne abbaye de bénédictins, qui se présente avec tous ses vieux souvenirs, son antique clocher et son église gothique. Ce monument, régulier dans sa forme, saint dans son origine, imposant de grandeur, a été épargné par la voracité du temps... Il est le plus bel ornement de Brantôme ; il a fait sa renommée, et lui assure encore dans les annales religieuses un nom immortel.

» Quatre ponts (1) jetés sur la Dronne, pour

(1) Plus une passerelle construite en 1895 pour remplacer un pont trop primitif appelé *Le Peyrat*, qui consistait en une série de grosses pierres à peine équarries, jetées dans le lit

donner accès dans Brantôme, augmentent encore l'effet pittoresque du tableau, et les eaux basses et limpides, roulant sur un gravier siliceux, animent et vivifient les abords de cette cité. Les coteaux opposés, qui fuient la vallée pour s'élever insensiblement, participent aussi à la richesse qu'on admire à leur pied. Ici, ce sont des vignes cultivées avec soin, dont les produits, justement renommés, deviennent pour le pays une source de prospérité ; là, ce sont des champs qui fournissent d'abondantes moissons. Des arbres en grand nombre, venus naturellement ou plantés par la main de l'homme, mais sans ordre ni symétrie, ornent ces coteaux, font aimer leur irrégularité, et les rendent à jamais inaccessibles à la monotonie.

» Enfin, pour se faire une juste idée de Brantôme, qu'on se représente un immense jardin anglais, avec ses attrayantes prairies, ses grottes, ses cascades, ses bosquets, ses rochers roulés, amoncelés, couverts de bois, de mousses, de lichens ; ses usines, ses vergers, ses fermes, ses nombreux troupeaux ; et qu'on place au milieu une vaste corbeille semée de kiosques, de délicieuses habitations, entourée d'une large et profonde rivière, et ornée dans son pourtour d'une riche ceinture d'arbres élevés et pleins de

de la rivière à peu près en droite ligne, inégalement espacées, glissantes, et qu'on franchissait en sautant de l'une à l'autre.

vie... Tel est Brantôme avec ses environs (1). »

Maintenant, aimable étranger, permettez-moi d'être votre cicérone dans la visite en détail de la coquette cité. Nous aurons pour guides les hommes savants et habiles qui ont su arracher leurs secrets aux pierres de nos monuments : MM. le baron de Verneilh, Georges Bussière, l'abbé Audierne, le docteur Galy, le marquis de Fayolle, etc.

Vous êtes à la gare des tramways ? Tout à côté, vers l'est-midi, traversez le pont : le *Grand Hôtel* de la localité est devant vous, à droite, sur le bord de l'eau, où il se mire. En temps opportun, on vous y servira, entr'autres mets, goujons, truites, pâté truffé, qui sont bien le meilleur manger du pays. En attendant, les *Fossés* méritent votre visite ; vous admirerez leurs ormeaux séculaires ; au bout de la promenade, en amont, vous contemplerez une digue en pierres, construite probablement par les moines : elle divise les eaux de la Dronne (2) pour lui permettre de baigner le pied du couvent, qu'elle isole, et d'enlacer de ses deux bras la cité tout

(1) L'abbé Audierne, *Notice historique sur l'abbaye de Brantôme*.

(2) La Dronne..., célèbre dans le Périgord et l'Angoumois par le charme de ses rives et l'extrême limpidité de ses eaux, descend de montagnes de 550 mètres d'altitude situées dans le canton de Chalus (Haute-Vienne). (JOANNE). Elle prend sa source, dit Malte-Brun, dans les étangs de Bressieux-Galot, près de Montbrun.

entière. Sur la rive droite du bras gauche, la rivière immerge les fondements d'une tour qui commandait autrefois le mur d'enceinte, encore visible le long des jardins bordant la promenade.

Si vous n'êtes pas trop pressé par l'heure, revenez sur vos pas jusqu'à la gare et prenez la route de Champagnac. Sous un dôme de verdure formé par de hauts platanes, elle mène, en dix minutes de marche, à une curieuse et antique construction en assises régulières de moyen appareil, qui eut peut-être jadis une destination religieuse.

De là votre regard se portera sur un *Dolmen*, qui se dresse à 50 mètres de la route, vers le nord. La table, soutenue par trois pierres verticales, a 5 mètres de longueur; sa largeur est de 2^{m}90 ; son épaisseur de 0^{m}60 ; à la surface, on remarque plusieurs trous de 20 centimètres de profondeur, et d'une extrémité à l'autre une rigole naturelle. Ces particularités ne permettent-elles pas de voir dans ce dolmen, malgré qu'en aient les savants, un de ces autels druidiques qu'on dressait en plein air, sur des hauteurs ou dans les bois, pour y accomplir les rites monstrueux des superstitions païennes ?

Au retour, à mi-route, dirigez-vous vers le *Moulin du Couvent* ou *Moulin de Bimbillou*. Les prairies, le pont en bois sur les eaux dormantes de la Dronne, l'écluse et ses îlots, les constructions dans le rocher et sur sa crête, les grottes qui se prolongent jusqu'à Brantôme, le chemin

DOLMEN OU PIERRE LEVÉE

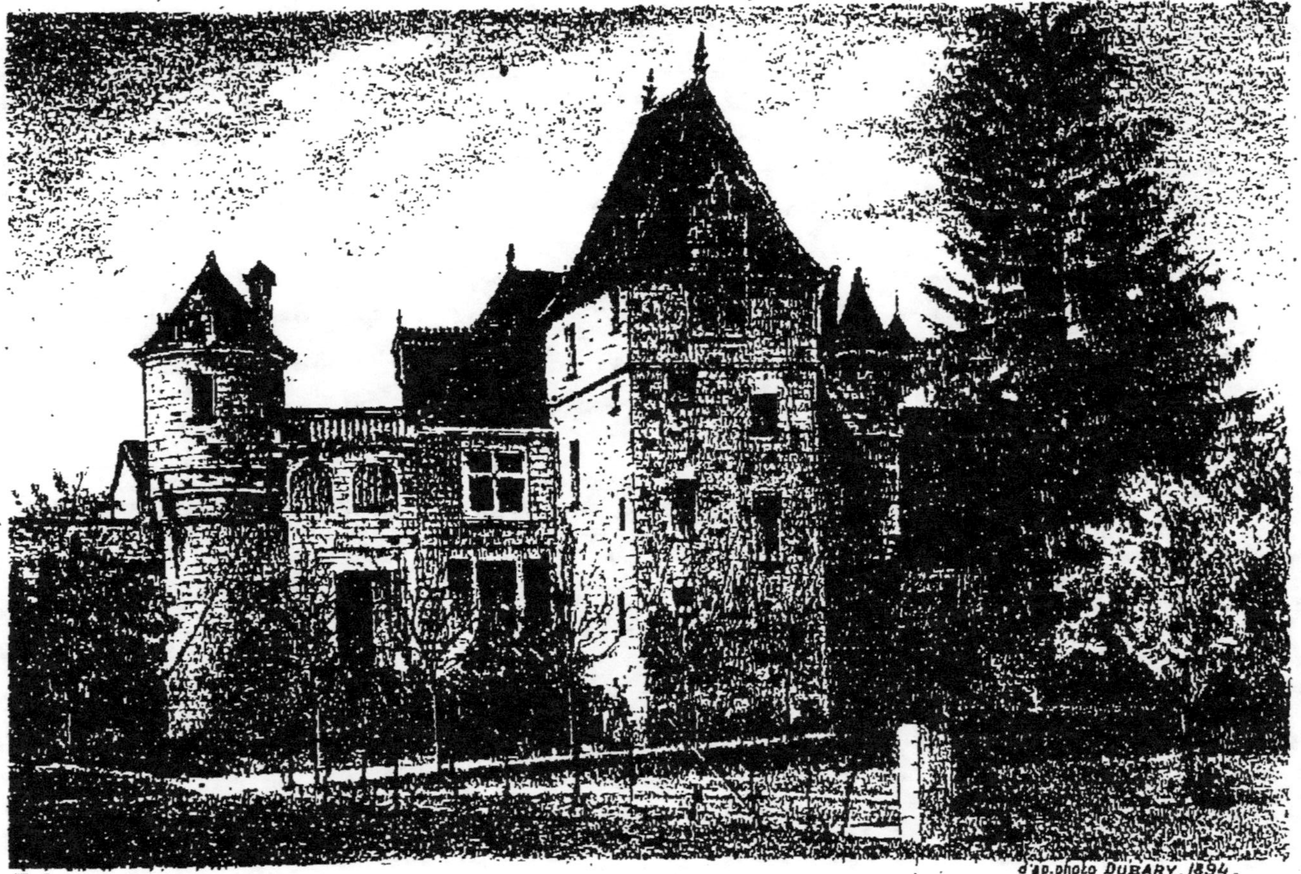

CHATEAU DE LA HIERCE

étroit et voûté, taillé dans l'immense bloc pour
conduire les piétons à la route du cimetière,
forment ensemble un des plus pittoresques paysages qui se puissent rencontrer.

Après avoir contourné le cimetière jusqu'à sa
porte d'entrée, descendez vers la ville; laissez à
votre gauche le champ de foire et prenez le
chemin de la passerelle. Avant de la franchir,
admirez à droite le petit mais charmant manoir
de *la Hierce*, en bon style du xvie siècle, classé
parmi les monuments historiques. Avec ses
lucarnes ornées, ses tourelles élégantes et l'harmonieux arrangement de ses toitures, c'est bien,
au dire d'un érudit (1), « la plus jolie miniature
de castel qu'on puisse imaginer ».

M. de Verneilh a donné une excellente description du logis de la Hierce, dont le propriétaire est M. de Sainte-Marie, ancien consul
général : « C'est un simple corps de logis, appuyé
au milieu par un pavillon carré où se trouve
l'escalier, flanqué à droite d'une tourelle en poi-
vrière, et à gauche d'une sorte de galerie à
arcades cintrées, de *loggia*, comme disent les
Italiens, qui se rattache à un pigeonnier rond
porté sur un encorbellement. Des toits aigus,
des fenêtres en croix, des bandeaux marquant
les étages et se profilant autour de la tourelle,
deux très belles lucarnes sculptées, où paraît
s'être concentrée toute la dépense d'ornemen-

(1) M. Georges Bussière.

tation, complètent cet ensemble, harmonieux en sa petitesse et très pittoresque. C'est bien peu de chose et pourtant c'est charmant. » (1)

Au bout de la passerelle, la première maison, un ancien couvent des Dames de la Foi, vous avertit que notre petite rivière se permet parfois de désagréables caprices. Remarquez-y les grandes crues de ses eaux. Celle de 1783 fut l'occasion d'une dispute entre la ville de Brantôme et les religieux de l'abbaye, que nous raconterons ailleurs.

A droite, au delà des jardins, on voit l'hôpital, qu'une inscription gasconne du portail d'entrée appelle « civil et militaire ». Le monument, des plus modestes, n'a rien de remarquable.

A 25 mètres de la passerelle, en droite ligne, arrêtez-vous devant une façade de maison gothique en ruines. Elle est du XIVᵉ siècle, et un acte du 14 mai 1700, signé Subazan, notaire royal, qui la qualifie de « mazures nobles de Bourzeys », nous apprend qu'elle appartenait à la seigneurie de Bourdeille. Quatre arcades, deux grandes et deux petites, occupent le rez-de-chaussée. Au premier étage, encore quatre ouvertures décorées avec goût, dont trois, plus grandes que la quatrième, étaient divisées par une colonnette et présentaient dans leur tympan des ogives trilobées semblables à celles de nos cathédrales. Les étages étaient séparés par des moulures

(1) *Bulletin*, t. VIII, p. 83.

MASURES NOBLES DE LA RUE DE LA MISÉRICORDE

assez saillantes en ligne brisée. Deux ouvertures ont subi une transformation qui doit remonter au xvie siècle : les ogives ont fait place à des croisées à meneaux ; la troisième montre encore intacte sa partie supérieure, dont l'élégante Sveltesse fait regretter la mutilation du reste de l'édifice.

A quelques pas devant vous est la rue Notre-Dame. Suivez-la. Elle se termine par l'*ancienne église*, qui lui a donné son nom.

Au xvie siècle, « le vicaire perpétuel de la paroisse était en opposition continuelle avec les religieux sur des droits honorifiques et certaines oblations. Les habitants de Brantôme soutenaient les prétentions curiales : il n'y avait alors que l'église abbatiale et une petite chapelle de dévotion, en l'honneur de Notre-Dame-du-Reclus. L'évêque de Bazas (1), pour mettre les parties d'accord, fit bâtir une église paroissale » (1516).

Elle a 21 mètres de longueur, sur 10 de largeur ; ses quatre chapelles, profondes seulement de 3 mètres, ajoutaient peu à son exiguïté. Solidement bâtie, elle offre à l'extérieur huit contreforts, et à l'intérieur trois travées avec voûte d'arête et deux arcs croisés, dont les nervures reposent sur des colonnes.

On y compte neuf fenêtres qui ne l'éclairaient

______

(1) Le cardinal d'Albret, abbé commendataire de l'abbaye de Brantôme.

qu'imparfaitement, sans lui rien donner de la mystérieuse obscurité de nos belles églises gothiques ; car une tribune s'élevant à la moitié de sa hauteur et occupant le tiers de sa surface, interceptait la lumière. (V. l'abbé Audierne). Il est regrettable qu'on ait fait disparaître le clocheton qui se trouvait sur la crête du pignon, au nord de l'édifice, et qu'un badigeonnage de mauvais goût ait été préféré pour ses vieux murs à la patine des siècles, toujours respectée dans une habile restauration. La dernière cloche de cette église provenait de St-Pardoux-de-Feix. Elle pesait 303 kil. et portait en lettres gothiques les deux inscriptions suivantes :

Sancte Sicari, ora pro nobis.
Sancte Perdolphi, ora pro nobis. 1584.

L'église Notre-Dame servit au culte jusqu'au jour où la chapelle abbatiale fut restaurée. Devenue alors inutile comme édifice religieux, on l'a transformée en marché couvert.

Un plan de l'abbaye, dressé en 1656 par un moine bénédictin, dom Joseph de la Bérodière, nous montre le pont qui est en face et que nous allons franchir, fermé par les annexes du monastère : à sa droite, surplombant la rivière, était construite la chambre de la procure et recette du cellerier ; à gauche, une grande basse-cour du logis abbatial.

« Le château particulier de l'abbé occupait à peu près tout l'emplacement des terrasses ac-

ANCIENNE ÉGLISE (MARCHÉ COUVERT)
UN DES CABINETS DU GRAND JARDIN (*page 50*)

tuelles, entre le débouché des deux ponts. Un vaste corps de logis occupant, à l'est, la moitié de l'emplacement de l'édifice actuel, qui le remplaça, restait probablement inhabité et sans emploi. L'appartement abbatial proprement dit venait ensuite, composé de trois parties, l'une faisant suite, mais avec une architecture et un caractère bien différents, à ce vaste corps de logis ; la deuxième, parallèle et baignée par la Dronne ; la troisième, faisant retour d'équerre sur les deux autres et les réunissant. Aux deux angles de jonction se dressaient deux élégantes tourelles ; la base de l'une, plongeant dans la rivière, forme aujourd'hui un agréable rond-point. Du reste, la base tout entière du château a été respectée : elle supporte, à l'heure qu'il est, la balustrade de la promenade qui longe l'abbaye. C'est là, sur l'emplacement occupé aujourd'hui par la partie occidentale de la promenade et de l'abbaye, que Pierre de Bourdeille écrivit ses Mémoires. » (1)

Du bout du pont, l'œil embrasse l'abbaye entière, telle que nous l'a léguée le dernier siècle : au centre, le cloître et les bâtiments qui y sont adossés ; à droite, l'église ; à gauche, le monastère proprement dit, le jardinet du bassin Médicis et la tour de la porte : le tout se développant presque sur la même ligne, longue d'au moins cent quatre-vingts mètres, à côté d'une large terrasse

(1) G. Bussière, *Bulletin*, VII, 57.

dominant la rivière, en face de la ville, sur laquelle ont vue soixante-quinze fenêtres, au pied d'une colline presque à pic, dont la verdure et les grands arbres sont pour les crêtes de tous ces monuments un écrin admirable.

Visitons d'abord l'église, en nous servant de la description qu'en fit l'abbé Audierne, en 1842, lorsqu'elle était encore abandonnée, *avant sa dernière restauration*. Cette visite se doublera ainsi de l'étude archéologique de l'édifice tel qu'il existait au xviiie siècle, et nous pourrons juger de son habile restauration par M. Abadie.

« Ce monument, bâti par Charlemagne, fut détruit par les Normands peu de temps après sa fondation; mais il semble s'être relevé de ses ruines (1) sur le même emplacement qu'il occupait, et suivant à peu près dans sa forme son plan primitif. La plupart des arcades sont en plein cintre. C'est le style roman qui domine. L'ogive y occupe aussi sa place, et la combinaison de ces deux genres d'architecture prouve que cet édifice a été restauré à diverses époques. Il est vrai que l'architecture romane ayant ré-

---

(1) Au xie siècle, d'après M. G. Bussière :

« Les deux premières travées, datant de la fin du xie siècle, étaient primitivement voûtées en coupoles, et la dernière, servant de chœur, en voûtes d'arêtes assez semblables aux voûtes angevines, était du xiiie siècle. Depuis une époque reculée, les deux coupoles avaient été refaites de la même façon et remplacées par des voûtes angevines. »

(Brantôme et ses monuments, p. 9.)

gné longtemps concurremment avec le style ogival, et sa défaite n'ayant été complète que vers le XIII° siècle, on pourrait croire que la présence de ces deux styles ne fut qu'un caprice de l'architecte, et que le monument ne remonte pas au delà du triomphe de l'ogive ; mais, vu de près, on s'aperçoit bientôt qu'on ne fit que raccorder, d'après le style du temps, les vieilles constructions avec les nouvelles, et qu'on ne changea le caractère architectural que dans les parties entièrement refaites. De là le maintien de la formule rectangulaire et l'absence de bas-côtés, le règne du plein cintre dans les fenêtres des murs latéraux et les arcades romanes pratiquées dans ces mêmes murs pour l'ouverture de plusieurs chapelles construites dans le XII° siècle (1). De là aussi les voûtes à nervures, les ornements dans les embrasures des fenêtres ogivales du mur du fond, et, dans la fa-

(1) La dernière restauration, par M. Abadie, n'a laissé subsister qu'une de ces chapelles, qui est dédiée à la Ste Vierge. C'est une charmante petite abside en style roman, que le peintre Emile Lafon avait ornée de belles fresques représentant la naissance de Notre Seigneur et son Epiphanie. Malheureusement, l'humidité a détruit cette œuvre de l'artiste chrétien. Le regrattage des murs fut exécuté en 1872.

« J'ai vu, dit M. G. Bussière, j'ai vu cette jolie chapelle au moment où elle venait d'être achevée ; elle était du plus harmonieux effet. Les figures peintes sur des fonds d'or par M. Lafon, dans les arcatures cintrées et dans la demi-coupole de la voûte, brillaient d'un éclat sans pareil et mêlaient à la froide blancheur de la nef une note gaie et artistique. »

çade de l'édifice, les ramages dans l'ogive et sur l'imposte.

.. » L'église de Brantôme s'éloigne de l'orientation ordinaire. L'autel était placé au nord-est ; la porte principale, aujourd'hui murée, fait face au sud-ouest... Longue de 33 mètres, large de 13 (intérieurement), sa hauteur, du pavé à l'intrados de la voûte, est de 20 mètres.

» On y remarque quatre chapelles placées en face l'une de l'autre. Deux ont subi les dégradations du temps ; les deux autres ont reçu une destination profane.

» Trois travées avec voûtes à nervures composent cet édifice. Il est certain qu'il n'en était pas ainsi primitivement. L'église de Charlemagne était autrement voûtée, et celle qui lui succéda dans le xe siècle devait offrir trois voûtes sphériques, surmontées chacune d'une coupole. Ces voûtes se terminaient en pendentifs retombant sur des colonnes dont plusieurs existent encore. Un reste de pendentif et les mauvais raccords des voûtes actuelles avec les arcs-doubleaux ne laissent aucun doute sur ce point. Entrons dans quelques détails. Une étude approfondie des différents caractères qu'offre ce monument nous fera juger sûrement de leur âge ; commençons par l'intérieur. La première travée offre une voûte d'arête ogivale avec des nervures qui se réunissent à une couronne sur laquelle sont sculptés les insignes de l'épiscopat, la crosse et la mitre. La retombée de ces nervures repose sur des culs-de-lampe représentant des têtes grotesques. Il est évident que cette voûte est postérieure de plusieurs siècles au reste de la travée, qui paraît avoir survécu aux diverses destructions qui bouleversèrent cette église. Nous la croyons du xive siècle. Trois arcs-doubleaux caractérisent cette travée et la distinguent essentiellement des deux autres. Leur arête, coupée en biseau, offre plusieurs figures grimaçantes d'un léger relief et assez rapprochées les unes des autres. Ces arcs reposent sur de belles colonnes dont les chapiteaux sont tous dissemblables dans leurs ornements ; les colonnes elles-mêmes varient dans leur grosseur suivant la place qu'elles occupent. Celles des angles sont plus petites ; elles sont exactes dans leurs proportions ; mais elles manquent de bases, à moins que ces bases ne soient enterrées sous le pavé. Ces admirables colonnes ont dû appartenir à quelque monument du Bas-empire. On les utilisa, sans doute, dans la construction de la première église. Renversées avec la basilique dont elles faisaient partie, on les releva dans le xe siècle pour supporter les arcs-doubleaux, qui ne remontent pas au delà de cette époque. Leurs chapiteaux, gracieusement variés, présentent, les uns des entrelacs de palmettes de laurier ; les autres, des lions qui jouent entre eux ; ceux-ci, des hommes armés qui se battent, se renversent ; et ceux-là des feuilles d'acanthe supportant des caulicoles. On regrette, dans cette travée, l'absence d'une colonne qui manque dans l'angle droit (1).

» Dans chaque mur latéral et sous les arcs-doubleaux, on a pratiqué une fenêtre en plein cintre, et au-dessous des fenêtres, deux arcades opposées pour communiquer à deux chapelles. Deux arcs, beaucoup plus grands que ceux des chapelles, et dont l'un est coupé par le cintre de la fenêtre, font penser qu'en reconstruisant l'église, dans le xe siècle, on voulait y ajouter des bas-côtés. Sans cette supposition, il serait difficile d'expliquer leur présence, se réitérant surtout dans la seconde travée.

» Les deux chapelles ont pour voûtes des arcs de cloître engagés. Elles étaient dédiées, l'une à saint Antoine, l'autre à saint Roc.

» Dans le mur fermant cette travée et servant de façade à l'extérieur, on remarque une seule fenêtre, deux grandes ouvertures avec consoles en mâchicoulis simples et une troisième console en encorbellement, ornée d'une coquille soutenue par une tête d'ange, avec la date 1707. Ces ouvertures, qu'on ne comprend pas, furent pratiquées dans l'épaisseur de ce mur pour le placement d'un orgue. Des ramages occupaient

____

(1) Outre les modifications plus visibles que le lecteur remarquera dans cette première travée, notons que sa voûte, comme celle de la seconde travée, s'écroula dans l'intervalle entre la visite de M. Audierne et la restauration de l'édifice.

l'ogive de cette fenêtre et retombaient en forme
de draperie. Ils n'existent plus ; à peine dis-
tingue-t-on leur dessin. Quatre archivoltes avec
baguettes et bandeaux, retombant sur autant de
colonnes, dont les chapiteaux offrent une variété
curieuse, et sur l'imposte ornée de frètes crénelées triangulaires, complètent la décoration de
cette fenêtre. Sur les chapiteaux figurent des
feuilles de chêne, de houx, de frêne et de laurier. On voit que le sculpteur s'inspirait des
objets qu'il avait sous les yeux. Que la date que
nous avons citée ne trompe personne ; elle rappelle bien l'époque du placement des orgues, des
ouvertures, des consoles qu'elles nécessi-
tèrent pour les soutenir, de la dégradation
même de cette fenêtre, mais nullement celle
de sa construction, non moins ancienne que la
travée.

» Composée d'une voûte d'arête barlongue,
la seconde travée, plus élevée que la première,
est fermée par l'arc-doubleau de la voûte qui
la précède et par un arc ogival qui la sépare du
chœur. Les nervures sont les mêmes, coupées
de deux côtés et retombant des deux autres sur
des faisceaux de colonnes avec imposte ornée
de frètes crénelées triangulaires. Deux colonnes
accouplées et au tiers engagées reçoivent de
chaque côté la retombée de l'arc ogival. On
regrette que ces colonnes aient été coupées aux
deux cinquièmes de leur hauteur. En les res-
pectant, les religieux n'en auraient pas moins

établi leurs boiseries et leurs stalles. Chaque mur latéral offre une fenêtre en plein cintre placée sous l'arc ogival. Ces deux fenêtres coupent deux arcs actuellement murés sous lesquels ont été pratiquées deux chapelles opposées, qui ne diffèrent des deux autres que par leur voûte d'arête, et qui étaient dédiées, l'une à sainte Catherine et l'autre à la sainte Vierge. A côté de chaque chapelle existe une porte : celle de droite mène dans la sacristie, l'autre conduisait sous les rochers. Dans cette travée paraissent encore, quoique coupés et utilisés dans le mur, les piliers qui portaient les grands arcs, dont l'existence est pour nous un mystère.

» Trois arcades séparaient anciennement le chœur de la nef. Elles furent abattues et remplacées, en 1780, par une belle grille en fer, libéralité faite au couvent par Mme la vicomtesse d'Aydie, du château de Laborie, commune de Champagnac... Grille et arcades, tout à disparu.

» La troisième et dernière travée, moins curieuse que les autres, parce qu'elle rappelle moins de souvenirs, qu'elle excite moins la curiosité et demande moins d'études, est cependant la plus remarquable par son caractère déterminé et ses nombreux ornements. On n'y aperçoit aucun vestige des primitives constructions ; elle a son cachet particulier, son type que rien n'a altéré. Sa voûte est ogivale et ses

nervures reposent, de deux côtés, sur trois
colonnes séparées par des prismes, de deux
côtés, sur trois colonnes qui, sans remplir les
angles droits, les dissimulent et forment ainsi
une espèce d'abside. Dans les murs latéraux,
où l'on ne voit plus de raccords, sont pratiquées,
de chaque côté, deux fenêtres ogivales, étroites et
allongées. Dans le mur du fond on en aperçoit
trois parfaitement semblables. Toutes offrent
quatre archivoltes reposant sur quatre colonnes
qui ornent les embrasures. Une imposte histo-
riée, paraissant soutenir la gracieuse ordonnance
de cette brillante architecture, règne dans le pourtour du chœur et en relève l'éclat et la beauté.
Au-dessus des trois fenêtres, dans le mur du
fond, s'élève majestueusement une croix lumineuse, dont les espaces angulaires sont occupés
par deux ouvertures circulaires et deux petites
arcades à plein cintre ; c'est une fenêtre surbais-
sée qui la renferme. L'effet qu'elle produit est
éminemment religieux. Ornée comme les autres,
son âge est le leur, et toutes sont l'œuvre du
même artiste ; mais sa forme est vraiment ori-
ginale ; rarement la croix se présente avec de
tels accessoires.

» Une porte en plein cintre, exacte de proportions, riche dans ses détails, admirable de
goût, avec bandeau sur ses archivoltes, retombant sur deux petites colonnes, est pratiquée
dans chaque mur latéral du sanctuaire. Ces
deux portes, actuellement murées, introduisaient

les religieux dans le chœur aux jours des grandes solennités, lorsque la foule envahissait le temple (1). Au milieu d'elles était le maître autel dédié à saint Sicaire, dont les reliques reposaient dans l'enfoncement que l'on remarque dans l'épaisseur de l'un des murs latéraux. Tel est l'intérieur de cette église. A l'extérieur, elle n'est pas moins remarquable. Tout ce qu'on y voit provoque l'attention. Nous avons parlé de ses fenêtres, décrit leur forme, leur style, leurs ornements : elles sont les mêmes au dehors ; mais les trois contre-forts en saillie qui séparent les travées diffèrent essentiellement les uns des autres. Leur épaisseur, leur appareil, varient suivant leur âge. Leurs intervalles sont diversement occupés. Deux grandes arcades, richement décorées, venant se réunir sur une élégante colonne dont la base repose sur l'imposte de deux fenêtres latérales délicieusement ornées, occupent le premier (2) ; l'autre n'offre

(1) Malheureusement, le pavé du sanctuaire, surélevé aujourd'hui de trois marches, dissimule presque ces deux ouvertures, restées d'ailleurs murées comme inutiles.

(2) Par cette description incomplète, qui passe sous silence l'ornementation extérieure de ce mur, au-dessous des deux fenêtres du chœur, on comprend que sa merveilleuse architecture était masquée, à cette époque, par la galerie conduisant, de la sacristie, adossée à la première travée, jusqu'à la porte du sanctuaire. Cette sacristie, construite dans le xviii° siècle, avait un plafond à voussure présentant un vaste tableau encadré dont les angles coupés étaient garnis de corbeilles de fleurs et au milieu était un cul-de-lampe

qu'une seule arcade, mais admirable, et la troisième travée, belle dans sa simplicité, décèle son antique origine. On dirait que le génie de l'architecture a présidé aux diverses restaurations de cette basilique.

» C'est surtout la porte principale qui mérite une sérieuse attention : elle a bravé au moins huit siècles. Contre ses parois latérales sont appliquées des colonnes dont les chapiteaux présentent des branches de chêne entrelacées et garnies de leurs feuilles, exemple assez rare dans l'architecture, et ses cinq archivoltes ont pour ornement des dents de loup ou de scie. Sa construction est un mélange curieux des deux styles qui se partagent les monuments chrétiens. On n'y aperçoit aucune statue ; il est probable qu'il n'y en a jamais eu ; point de niches pratiquées dans sa façade ; le haut des contre-forts était surmonté d'un attique, et l'on ne voit même pas, dans tout le reste de l'édifice, un emplacement qui ait pu recevoir une statue.

servant à soutenir un lustre. « L'étage supérieur était réservé pour le visiteur du couvent, lorsque ce dignitaire venait, chaque année, remplir les devoirs de son emploi. » Ce logement était extrêmement agréable : ses fenêtres donnaient sur la rivière, sur la ville et sur toute la vallée. « On y recevait aussi, dit-on, les étrangers, et au bon accueil, à la franche hospitalité des religieux, venaient se joindre les délices d'une vue admirable. » (L'abbé Audierne.)

La sacristie actuelle, séparée du chevet de l'église par un couloir, a été construite en 1871 par M. Dubet, architecte. Elle a coûté 6,000 francs.

» ... Les deux contre-forts qui consolident le mur du sanctuaire, renferment, dans leurs angles, une colonne partant du sol pour s'élever jusqu'à l'entablement, et aller marier son chapiteau corinthien aux consoles qui règnent dans le pourtour de cette travée. Rien n'est gracieux comme cette ordonnance dans laquelle sont encadrées, avec leurs ornements, les trois fenêtres de l'abside et la croix lumineuse qui les surmonte ».

Le visiteur remarquera dans l'église de Brantôme :

1° Aux murs latéraux du chœur, deux bas-reliefs en bois, d'assez belles dimensions et très habilement sculptés. On dit que l'État, qui voulait en faire l'acquisition pour les placer au Musée de Cluny, en aurait offert la somme de 30,000 francs. Celui de droite reproduit d'une manière poignante le carnage des Innocents ordonné par Hérode. Il y a là une vérité de ton, une variété de détails, une intensité de vie, que l'on dépasserait difficilement dans les œuvres de ce genre. Comment s'en étonner, quand on sait que l'auteur inconnu reproduit exactement sur le bois un des fameux cartons de Raphaël, qui devait servir de modèle aux tapisseries d'Arras, conservées dans les galeries du Vatican ? Celui de gauche offre la première page de l'histoire de saint Sicaire à Brantôme. L'abbé du monastère est sorti de son église à la tête de ses religieux : il va à la rencontre de l'empereur Charlemagne. Celui-ci, tenant dans ses mains le corps de saint Sicaire innocent, le manteau royal relevé par deux petits pages, s'avance majestueusement avec son escorte de guerriers : il remet au prélat l'insigne relique dont il veut doter l'abbaye de Brantôme.

2° La chaire romane, en bois de chêne sculpté. M. Abadie voulait une chaire en pierre. Elle eût été plus en harmonie avec ce beau monument ; mais il fallait une somme de 3,000 francs, et la fabrique ne l'avait pas. « Je suis un ruine bourse », écrivait-il à M. Salleix, en 1860, « mais pour faire bien il faut de l'argent... J'avais l'intention de faire une chaire en pierre appliquée contre le mur près du pilier. Cela serait, certes, plus solide et vous auriez une simplicité grave et de bon goût, qui flatterait peut-être moins l'œil du commun, mais qui aurait l'approbation de ceux qui ont vu et qui apprécient. » Deux ans après, M. Salleix commandait une chaire en bois à M. Jabouin, de Bordeaux. Elle fut payée 2,500 francs.

3° A la chapelle de la sainte Vierge, l'appui de communion, avec ses mille petites lames en fer forgé (don de Mme Léonce de Fourtou).

4° Au mur latéral des fonts baptismaux, le bas-relief du baptème de Notre-Seigneur. Il n'est point antérieur au xııı^e siècle. Pour recevoir la symbolique ablution, le divin Maître s'est dépouillé de sa tunique ; un ange, qui la tient étendue devant lui, cache avec soin la nudité de l'Homme-Dieu.

5° Le tambour formant tribune pour l'orgue et les chanteurs.

6° A côté du grand portail, un bas-relief se rapportant à l'histoire générale de l'insigne relique de saint Sicaire, le *Massacre des Innocents*. Il provient de la primitive église. M. Abadie l'a fait encastrer dans le monument restauré par lui. Ce bas-relief « forme deux tableaux très distinctement séparés, comme deux pages d'un livre ouvert ou deux panneaux de diptyque. Dans l'un est reproduite la scène du carnage, à laquelle préside le roi Hérode assis sur un trône mi-roman mi-gothique. Derrière le roi se tient le diable en personne lui soufflant à l'oreille de mauvais desseins ; devant lui, trois soldats, dont deux présentent des enfants transpercés de la lance et de l'épée ; à ses pieds, deux mères éplorées. L'autre tableau figure les saints Innocents enlevés au ciel par les anges. Tout cela est d'un travail très grossier... Les costumes et les objets en fixent la date. Les sbires d'Hérode ne sont pas antérieurs au xii° siècle ; ils arrivent de la croisade. Le trône royal, les armes des meurtriers, la mentonnière d'une des femmes, ne dépassent pas le xiii° siècle. L'artiste a emprunté évidemment ses modèles aux choses et aux personnes de son temps » (1).

(1) G. Bussière, *Bulletin*, XX, 448.

La visite du clocher s'impose au touriste comme à l'archéologue. Demandez le sacristain : c'est lui qui a la clef. Un escalier en spirale, pratiqué, en 1480, dans l'épaisseur du mur de façade de l'église, et qui règne dans toute la hauteur de ce mur jusqu'à l'entablement, conduit à cette tour curieuse. Sa forme, son genre d'architecture, son antiquité et les vieux souvenirs qu'elle évoque la rendent infiniment remarquable. Large de dix mètres à sa base, elle s'élève par retraite d'une manière pyramidale et se compose de quatre étages et d'un soubassement.

Pénétrez dans la crypte : vous y verrez les arcs de décharge qui forment le soubassement appuyé en partie sur le rocher. Ce soubassement n'a que le caractère de la solidité ; aucun ornement n'en relève la construction, pas plus que celle de la face qui regarde la colline. Deux fenêtres étroites éclairent l'intérieur, couronné d'une coupole byzantine que supportent quatre pendentifs. Ces pendentifs reposaient primitivement sur quatre piliers et quatre colonnes accouplés. Trois colonnes ayant disparu, on a grossièrement renforcé les piliers qu'elles soulageaient. La colonne qui reste est en marbre rouge ; son chapiteau dégradé n'offre plus qu'un fleuron. Une porte, aujourd'hui murée, communiquant avec l'escalier du bâtiment voisin, donnait accès dans la crypte, où descendaient, par d'étroites ouvertures pratiquées dans la coupole, les cables de la sonnerie des cloches.

A partir du premier étage, l'ordonnance du clocher perd de sa rudesse : quelques ornements modifient sa sévérité. Chaque face de ce premier étage présente deux arcades de grande dimension divisées chacune en deux petites arcades dont la retombée repose sur une colonne et sur deux pilastres. Un bandeau coupe la monotonie des lignes et motive le second étage.

On constate que l'architecte multiplie ses efforts pour donner à son œuvre plus d'intérêt et rendre son aspect plus imposant. L'imposte de l'arcade pratiquée dans chacune des faces de ce second étage supporte un fronton très aigu, svelte et gracieux, qui s'élève jusqu'à la base du dernier rang d'arcades, et dont le centre dessine en relief une croix grecque, encadrée d'ornements circulaires.

Ces grands pignons, d'après Viollet-Leduc, ont pour but d'épauler les faces des étages supérieurs, qui sont assez minces, et dont les angles sont renforcés par de petits contreforts.

Dans les deux derniers étages, la composition se complique encore : huit arcades, entrecoupées à l'intérieur par d'autres arcades plus petites et dont les pieds-droits affectent la forme pyramidale, servent de base aux murs du clocher. Ces murs, verticaux à l'extérieur, s'inclinent intérieurement jusqu'à l'étage supérieur. Au-dessus du troisième bandeau, seize petites arcades, admirables par la pureté de leurs cin-

Le Clocher (vu d'une cour intérieure)

tres, sont supportées par huit colonnes dont les chapiteaux sont inachevés.

« Suivant un usage fort ancien qui appartient au Quercy, et que nous voyons encore adopté aujourd'hui dans les constructions particulières, la pyramide à base carrée qui couronne la tour est bâtie en petits moellons, bien que le clocher soit tout entier construit en pierres de taille d'appareil. » (1)

Son emplacement mérite d'attirer l'attention du visiteur. Bâti à côté de l'église, il repose sur un rocher coupé à pic. Sa hauteur réelle n'est que de trente mètres ; mais, s'appropriant celle du rocher qui lui sert de base, de loin on le croirait deux fois plus élevé.

Ses fondements sont presque de niveau avec l'entablement de l'église, et sa façade est sur la ligne même du grand portail.

Isolé autrefois des bâtiments du monastère et sans communication directe avec la ville, on n'y abordait que par de longs détours. C'était une combinaison de sage économie et une pensée d'admirable prévoyance : l'édifice atteignait à moins de frais la hauteur que l'œil pouvait désirer, et son isolement le prémunissait contre les dangers d'un incendie, la fureur momentanée d'une émeute, la rage dévastatrice des hordes barbares, contre l'horrible représaille des divers partis, alternativement vaincus

____

(1) Viollet-Leduc, *Dict. d'architecture.*

ou vainqueurs. Jamais, d'ailleurs, emplacement ne favorisa mieux l'effet magique du son des cloches.

Deux ponts donnaient accès, l'un dans le couvent, l'autre sur les voûtes de l'église. Ce dernier n'existe plus, et la porte de la tour qui était ouverte sur la montagne est maintenant bouchée.

A quelle époque remonte ce clocher ? La tradition et l'histoire en attribuent la fondation à Charlemagne, et son soubassement, sinon le reste de l'édifice, paraît bien être du viiie siècle. Il est certain que cette tour est antérieure au xe siècle (1) ; l'absence de l'ogive le démontre. La forme de quelques arcades en tiers-point pourrait faire présumer qu'elle est antérieure à l'architecture romane. L'appareil de la voûte, des soubassements, dont les voussoirs n'ont que douze ou treize centimètres de largeur ; les colonnes qui supportaient les pendentifs ; les chapiteaux, dont le style imite le faire bysantin de l'époque la plus ancienne ; quelques ornements rappelant la décadence du Bas-empire ; le goût arabe de quelques entrelacs ; des palmettes et les bases dont le profil est une corruption de la base attique, sembleraient même reculer la date de cette construction aux premiers siècles du christianisme. Mais l'irrégularité que l'on remarque dans la proportion des chapiteaux et des colonnes, quelques fûts en marbre mêlés par hasard aux fûts en pierre, font penser ou que ces

(1) M. Georges Bussière ne la fait remonter qu'au xie siècle.

chapiteaux et ces colonnes appartenaient à quelque monument antérieur au clocher, et qu'on les ajusta dans cet édifice, ou bien que le clocher, tout comme l'église, fut détruit par les Normands et réédifié avec ses débris (1).

« Tout indique, dans la tour de Brantôme, » dit Viollet-Leduc, « une origine latine : le système de construction, l'appareil, la forme des arcs ; c'est un art complet, développé au point de vue de la construction. Il y a même, dans la proportion de cet édifice, une certaine recherche qui appartient à des artistes consommés ; les vides, les saillies et les pleins sont adroitement répartis. La rudesse de la partie inférieure, qui rappelle les constructions romaines, s'allie par des transitions heureuses à la légèreté de l'ordonnance supérieure. Cette école, étrangère et supérieure à celle de Périgueux (cathédrale de St-Front), ne devait pas s'arrêter en si beau chemin ; nous la voyons se développer de la manière la plus complète dans la construction du clocher de St-Léonard (Haute-Vienne). »

Le clocher de Brantôme a été réparé en 1873 sous la direction de M. Abadie.

En 1859, le *cloître* existait encore, mais, d'après un rapport de M. Vauthier, architecte, il menaçait ruine ; de plus, l'une de ses galeries appliquée au portail obstruait l'entrée de l'église et causait une humidité permanente. On le sa

______

(1) L'abbé Audierne.

crifia aux trois quarts. La description qu'en a faite l'abbé Audierne n'est pas pour nous faire prendre notre parti de cette démolition. « Un cloître précède l'église, lui sert de vestibule et rappelle dans sa forme les portiques qui ornaient dans l'antiquité les plus riches habitations. Il est moins gracieux, à la vérité, que ces admirables monuments : de magnifiques jardins ne l'embellissent pas. On n'y retrouve point ces belles colonnes, ces statues antiques qui, en perpétuant le souvenir des grandeurs romaines, exaltaient l'imagination, enrichissaient l'esprit et agrandissaient le cœur. Le cloître de Brantôme est sombre, mystérieux comme la mort, et ces lierres qui s'échappent du haut des piliers pour retomber en masses de guirlandes sur les arcades qu'ils ombragent ; cette végétation qui règne sur la corniche et encadre l'édifice ; au milieu, cet élante du Japon déchiré par la foudre ; tout cela, qu'on pourrait croire pittoresque, ne respire que la tristesse et le deuil. En entrant dans ce portique, on est saisi d'un tremblement involontaire ; cette émotion n'est ni de la crainte ni de l'horreur : elle est produite par une secrète frayeur. En se voyant seul dans ce cloître, on se croirait, par une nuit obscure, dans un cimetière isolé, couvert de tombes prêtes, au moindre signal, à laisser échapper leurs victimes, si l'aspect de ce lieu n'était plus effrayant encore. Du moins, dans le champ des morts brillent les astres du jour et de la nuit ; et si à vos pieds gît l'affreuse image de la destruction, au-dessus de votre tête se peint en traits de feu l'immortalité. Mais les rayons du soleil n'éclairent jamais le cloître de Brantôme, où règne constamment une obscurité vague et incertaine : des murs très élevés leur en défendent l'accès. Dans un cimetière, les tombeaux sont muets ; dans le cloître, le silence est souvent interrompu par les cris lugubres des oiseaux de nuit, par la chute cadencée des gouttes d'eau qui s'échappent des voûtes ; et le même bruit dans les vastes caveaux qui bordent les galeries du cloître, où l'on n'aperçoit de loin, à travers les arcades, que les horreurs du vide et d'épaisses ténèbres, semble annoncer le réveil des morts. On assure que l'auteur des décors des grands théâtres de l'Europe ayant visité, dans l'un de ses voyages, le cloître de Brantôme, y puisa ses inspirations pour l'une des décorations de *Robert le Diable*. Nous n'en sommes nullement surpris. Cet artiste trouvait à Brantôme tout ce qu'il avait à peindre : les rochers de Sainte-Irène, un temple en ruines, des caveaux, de longues galeries, un cloître, des tombeaux et, précisément, à gauche de ce cloître, une porte conduisant dans l'intérieur du temple. Le fameux Cicéri n'eut qu'à copier ce qu'il avait sous les yeux, et son admirable pinceau produisit un chef-d'œuvre (1).

(1) Paul Gaultier dit, dans la *Quinzaine* (n° 53, p. 37) que Ciceri, qui était allé tout exprès à Arles, reproduisit au 3e acte de *Robert le Diable* le cloître de Saint-Trophyme.

» Le cloître de Brantôme, de forme carrée, se compose de quatre galeries où l'on compte vingt travées. Il est orienté comme l'église : dix-neuf mètres font sa longueur, trois sa largeur et six sa hauteur. Il est entouré d'une balustrade avec socle, tablettes d'appui, et surmonté d'une terrasse également ornée de balustres (1). Supportées par quatre colonnes formant chaque travée, les nervures des voûtes sont évidées et ressemblent assez au prisme triangulaire. L'ogive et le plein cintre se combinent dans la construction de ce cloître, et presque toujours les arcs des deux styles se trouvent réunis. Pourquoi cette alliance, cette combinaison ? Existait-il un premier cloître dont on a voulu conserver le souvenir, ou bien n'était-ce que pour fortifier les arcades destinées à supporter une terrasse ? Ces deux motifs ont pu commander cette ordonnance, mais rien n'en donne la certitude. L'arc en plein cintre est toujours supérieur à l'arc ogival, excepté dans les arcades qui font face à la porte de l'église. On conçoit cette particularité : on voulut mettre en harmonie les xɪɪᵉ et xvᵉ siècles.

» Ce monument, si remarquable par les impressions qu'il communique, n'offre cependant rien d'extraordinaire sous le rapport architectural. On n'y admire que la solidité et la régularité... Lié à l'église et bâti postérieurement,

____

(1) On les retrouve aujourd'hui sur les terrasses et ailleurs.

Il fallut, pour raccorder l'une de ses galeries avec le mur de façade de cet édifice, lui faire subir quelques modifications. Les arcades de cette galerie sont plus petites, inégales, et la direction des murs de l'église et du cloître présente une différence de cinquante centimètres. Ce sont là les seules irrégularités qu'on y aperçoit. »

Deux vastes salles voûtées bordent la galerie nord-ouest que l'on a conservée. L'une d'elles, vrai bijou d'architecture, offre cette particularité, que les nervures de sa voûte en palmier viennent reposer gracieusement sur une colonne centrale et descendent, en forme de cannelures, jusqu'à sa base. D'après le plan de l'abbaye dressé en 1656, elle était le chapitre des religieux, et sa voisine leur réfectoire. Depuis 30 ans celle-là servait de cave au presbytère, lorsque, en 1895, le curé actuel la transforma en chapelle, dédiée à saint Antime, un des premiers abbés de Brantôme.

Aux extrémités de cette galerie existaient deux portes : l'une introduisait dans le couvent. Elle est aujourd'hui murée. L'autre conduit encore à la terrasse supérieure et aux appartements qui la joignent, devenus la demeure curiale depuis 1865.

Le cloître de Brantôme fut construit en 1480 par Pierre de Piédieu, le même abbé qui restaura l'église. Son unique porte d'entrée, qui était la principale pour conduire dans le couvent par la galerie sud-ouest, de date plus récente (1735), faisait face à un pont en bois jeté sur la Dronne pour communiquer avec la ville. Dans son ordonnance d'origine, elle présentait un fronton circulaire, au milieu duquel deux anges tenaient suspendu l'écusson royal, entouré d'une couronne de laurier. Au-dessus était une niche enguirlandée de fleurs et de fruits, surmontée d'une tête d'ange. Une statue de saint Pierre, patron de l'abbaye, tenant les clefs du ciel, occupait encore cette niche en 1791. A cette époque de vertige, on confondit le prince des apôtres avec un bénédictin, et les clefs firent son malheur : cette statue fut envisagée par le peuple comme un symbole de tyrannie et de cupidité monacales ; un jour de marché, elle fut abattue, mutilée, et ses débris roulèrent dans la Dronne (1).

Puisque nous sommes à la porte principale de *l'abbaye*, du XVIIIᵉ siècle, parlons de cet édifice que nous allons visiter. Il présente un vaste corps de logis flanqué, aux extrémités, de deux beaux pavillons, qui renfermaient jadis une petite cloche et devaient loger deux escaliers. L'escalier de gauche, destiné à introduire dans les appartements de l'abbé, n'a jamais existé, parce que les constructions, commencées en 1745, restèrent inachevées. Dans le corps de logis, on voyait sur la même ligne, au-dessus du même

(1) M. Audierne.

L'ABBAYE (AVANT SA RESTAURATION)

bandeau, de grandes et de petites fenêtres, des portes inégales en largeur ; dans les constructions contiguës, des fenêtres plus petites encore. Les moyennes fenêtres, appartenant à la partie la plus ancienne du couvent, ne remontaient qu'au xvɪe siècle ; les plus petites, éclairant les appartements adossés au cloître, ainsi que les plus grandes, caractérisant le logis abbatial, étaient du xvɪɪɪe siècle.

La dernière restauration a fait disparaître dans le corps de logis ces points de repère chronologiques ; et, au milieu de la longue façade, « l'architecte a imaginé, pour en rompre la monotonie, de faire une décoration centrale. Il a donc, sans s'inquiéter autrement du style du bâtiment, de la forme de ses ouvertures, des profils de ses moulures, construit à neuf un morceau de façade comprenant trois étages, percés chacun de trois fenêtres, sans aucun rapport architectural avec les anciennes, et il a couronné le tout par un fronton coupé, dont les rampants arrondis se terminent en d'énormes volutes, pareilles à de monstrueuses cocardes. C'est lourd, peu agréable à l'œil, et ce style moderne détonne avec l'ancien. Mais ce qui détonne bien davantage, et avec le bon goût et avec la destination première du monument, c'est une statue en pierre de la République, appuyée sur la déclaration des droits de l'homme, lourde au possible, médiocrement sculptée, plus grande que nature, qui se dresse sur le toit entre les deux rampants du fronton.

» Quoi qu'il en soit, de quel air les anciens moines de Brantôme et le plus célèbre de leurs abbés commendataires, qui n'avait certes rien de monacal, auraient-ils vu ce fronton et son couronnement ! Je doute aussi qu'ils eussent approuvé les girouettes bizarres placées sur les toitures à mansardes des pavillons. Autant que j'ai pu m'en convaincre, elles figurent des mappemondes de fort calibre, pour indiquer sans doute la place que doit tenir, dans nos écoles primaires, l'étude de la géographie. » (1).

En 1516, le cardinal d'Albret, évêque de Bazas, abbé commendataire de Brantôme, reconstruisit le couvent, que les guerres anglaises avaient détruit. La mort de ce prélat, en 1519, fut pour les moines l'occasion de désordres d'un autre genre : ils eurent à souffrir pendant dix-huit ans des prétentions rivales de cinq abbés. La nomination de Pierre de Mareuil, aumônier et conseiller de François Ier, mit fin à cette triste division (1538), et les dix-huit années de son administration abbatiale amenèrent le bien-être dans l'abbaye. Elle lui dut l'acquisition du vaste jardin situé au delà du pont coudé, sur la rive gauche de la Dronne.

Le concierge de la mairie a la charge de promener le visiteur par l'ancien couvent. Un escalier monumental, imitation de l'escalier Renaissance de la place du Coderc, à Péri-

____

(1) Baron de Verneilh, *Bulletin*, XIII, 61.

Ancien Couvent (État actuel)

gueux, conduit aux bureaux, à la salle du conseil et à cellé des mariages. Il n'existe que depuis l'appropriation du monastère aux services publics de la commune : hôtel de ville, écoles, justice de paix. On y a peint avec à-propos Charlemagne, Coligny, Pierre de Bourdeille et Bertin. A voir, au second étage, les belles charpentes du xviiie siècle qui recouvrent tout le bâtiment conventuel. Le second escalier, contemporain des moines, présente dans l'encorbellement qui soutient ses voûtes, une disposition architecturale digne d'attirer l'attention des hommes de l'art. A visiter une belle salle voûtée du rez-de-chaussée, appelée encore aujourd'hui *salle du dépôt*.

Au fond d'une cour, à droite, est la vaste grotte qui servait, au xviie siècle, de bûcher et de pigeonnier. On pense qu'elle fut habitée par les premiers religieux. Mystérieusement obscure, elle favorise la retraite et commande les plus graves méditations. En face de l'ouverture, le regard se porte sur un immense bas-relief, sculpté dans le roc. Certaines parties du tableau sont à peine ébauchées. On y voit « un spectre armé d'une lourde massue, précédé de la foudre, avec deux anges à ses côtés, qui, tenant une trompette, sonnent la résurrection générale ; et, à ses pieds, une tête de femme, emblème de la vie mortelle, qu'il s'apprête à frapper avec sa massue. Cette tête est ornée d'un diadème enrichi de pierreries et surmonté d'une queue de paon déployée en éventail, symbole de la vanité des choses de la terre. Ce groupe repose sur un vaste cénotaphe, représentant en relief des morts de toutes les conditions ; et aux deux extrémités sont deux moines prosternés, qui paraissent soutenus par des anges que leurs ailes étendues font facilement reconnaître. Au-dessus de cette imposante scène, où la mort exerce ses ravages pour être elle-même bientôt vaincue, on voit le Fils de l'Eternel, porté sur des nuages, s'avancer majestueusement pour faire le jugement du monde. » Telle est l'interprétation donnée par M. l'abbé Audierne de ce premier tableau. Celle de M. G. Bussière est identique, sauf en quelques détails. M. le marquis de Fayolle voit dans ce bas-relief, qu'il date du commencement du xvᵉ siècle, le *triomphe de la mort.* « Toute la composition, dit-il, se divise en trois zones : dans celle du haut une tête chevelue et barbue, surmontant une masse informe, figure le Père éternel assis dans un large *faudesteuil ;* à gauche, un personnage agenouillé paraissant l'implorer. A ses longs cheveux, il faut sans doute reconnaître la sainte Vierge, à laquelle saint Jean aurait dû faire pendant, si l'œuvre avait été terminée. Remarquons en passant que le Christ préside toujours aux scènes du Jugement dernier ; ce qui indique bien qu'ici il s'agit d'autre chose que du Jugement dernier ; car dans cette figure de vieillard on ne peut reconnaître l'image du Christ.

BAS-RELIEF DE LA GROTTE

» Au-dessous, deux anges agenouillés sur une sorte de terrasse, sonnent dans de longues trompettes, dont les pavillons laissent échapper des phylactères qui vont porter à l'étage inférieur l'appel qui fait sortir les morts de leurs tombeaux. Ces morts sont au nombre de huit, quatre à droite et quatre à gauche. Leurs têtes seules, coiffées d'après leurs conditions sociales, émergent d'une sorte de bahut décoré de larges besans qui figure les tombeaux. Ces personnages sont bien vivants, comme dans les danses macabres, et on peut reconnaître à leurs coiffures, à droite un empereur, une dame, une religieuse, un gentilhomme ; à gauche, un pape ou un évêque, un moine, un paysan, un bourgeois. A droite et à gauche, au ras du sol, deux moines, la tête recouverte du capuchon, sont agenouillés aux pieds de leurs anges protecteurs debout ; l'un des anges montre du doigt le Père éternel, l'autre, accoudé, semble méditer.

» Il nous reste à décrire la partie centrale du bas-relief, la plus intéressante du reste, qui remplit le milieu des deux zones inférieures. Un tombeau plus élevé que ceux des bas-côtés, divisé en trois compartiments, dont deux sont ornés d'un gable simulé, à choux et à crochets, supporte une tête vue de face, à longs cheveux, que recouvre une couronne formée d'un cercle gemmé retenant en guise de fleurons des os de mort.

» Au milieu de ce funèbre ornement, se

dresse comme un cimier une Mort ricanant et tenant des deux mains un bâton. Deux autres Morts soutiennent de leurs bras décharnés la tête couronnée et lui servent de support ; enfin, autour de son cou, porté par de maigres épaules, est suspendu par une chaîne un bijou en forme de brûle-parfums.

» L'arrangement de tout cet ensemble se combine avec les phylactères pour figurer un écusson avec sa couronne, ses supports, son ordre, son cimier et ses lambrequins ; il est impossible de ne pas y voir une intention voulue de représenter le blason de la Mort avec tous ses attributs. En effet, il ne s'agit pas, dans l'ensemble du bas-relief, d'un jugement dernier ; nous n'y voyons ni l'enfer, ni le paradis, ni le pèsement des âmes ; seuls, les anges sonnant de la trompette dernière figurent sur la scène. Ce n'est pas davantage une danse macabre ; quoique la Mort y soit figurée trois fois, elle n'entraîne aucun des personnages que l'on voit sortir de leurs tombeaux dans des costumes indiquant les situations sociales les plus variées. J'y vois comme pensée dominante le triomphe de la Mort, symbolisé par son blason étalé en place d'honneur. Ces blasons étaient très à la mode au xvi⁰ siècle... Mais, je l'avoue, cette tête bien vivante qui figure le centre de la composition, l'écusson lui-même, et dans laquelle le sculpteur semble avoir rassemblé tout son talent, supportée par un monument plus riche, peut aussi exprimer une idée symbolique, le triomphe de la vie dans la mort, de l'autre vie, dans ce cas : rébus si l'on veut, mais rébus bien dans le goût des devises et des énigmes du XVIe siècle. »

Le second tableau de la même grotte est à droite. Il représente la scène du Calvaire. Le style des draperies accuse le XVIe siècle.

Dans le coin nord-ouest de la même cour, on voit un petit monument taillé dans le roc : c'est la fontaine du pèlerinage, la *Fontaine de saint Sicaire*. M. G. Bussière l'a parfaitement décrite : « Une ouverture à plein cintre, creusée environ à soixante centimètres, laisse apercevoir dans le fond une rosace, en bas-relief, très soigneusement exécutée. L'eau s'échappait par le centre de la rosace, paraissant ainsi sortir naturellement du rocher, et tombait dans un petit bassin, qui est presque entièrement enfoui dans le sol. Dans l'intérieur de l'ouverture de la niche, deux colonnettes, placées de chaque côté de la rosace, paraissent soutenir la roche superposée. Extérieurement, au-dessus du cintre, la roche est ravalée presque à plat et l'on y remarque un bas-relief ornemental, du genre flamboyant, probablement postérieur à la rosace, qui couronne élégamment la fontaine. Ce monument date du XIVe ou du XVe siècle, de l'époque où les bénédictins habitaient, sans doute, une partie des grottes contiguës » (1).

____

(1) *Bulletin*, t. VI, p. 148.

Entre le monastère et la tour isolée au couchant, dans l'ancien jardin de l'abbé, occupé aujourd'hui par des massifs d'arbustes, au pied de ces gigantesques roches que le travail des siècles a éboulées, arrêtez-vous devant un magnifique bassin du XVIIe siècle, appelé *Fontaine Médicis*, dont les balustres dessinent un gracieux contour. Sa façade est destinée à servir d'écrin au buste de Brantôme ; et c'est sans doute ce projet qui a fait ajourner jusqu'ici sa complète restauration, commencée en 1879 par M. Nalet, architecte. On voit, en effet, à fleur d'eau deux pilastres Médicis qui attendent leur achèvement et leur couronnement. Ils les auront sans tarder, puisque Pierre de Bourdeille coulé en bronze sur son piédestal en bois, sous les grands tilleuls de la terrasse, attend lui-même depuis plus de deux ans son support définitif.

Nous parlions tout à l'heure de la *tour* qui est un peu plus loin. Elle était reliée autrefois au *pavillon* Renaissance, qui lui fait face, par une porte malencontreusement démolie pour livrer passage à la route de Bourdeille. Ne pouvait-on pas faire pour cette porte ce qui a été fait pour son pendant, le *portail des réformés ?* Elle donnait issue sur le faubourg si curieux de *Chaussepied,* appelé aujourd'hui, par un jeu de mots intentionnel, le quartier Saint-Roch.

Dirigeons-nous vers le vieux pont. Avant de le franchir, admirons cet élégant pavillon du

ANCIENNE PORTE

xvie siècle, orné à l'extérieur de chambranles renfoncés et de colonnettes reposant sur des piédestaux avec culs-de-lampe. Sa construction est attribuée à Pierre de Mareuil, dont il porte les armes. Il demande une restauration ; mais il faudrait pour ce travail une main si habile, si délicate, que l'on se résigne volontiers à le conserver tel quel. Jadis il logeait le concierge ; aujourd'hui, la fanfare de la ville y prépare ses concerts.

Le *pont coudé*, avec ses dix arcades irrégulières livrant passage aux eaux des deux bras de la Dronne qui s'y réunissent, permettait aux religieux et à l'abbé de se rendre dans leur jardin. Il fut restauré en 1775.

Le *Jardin des Pères*, comme on l'appelle encore, est un vaste enclos entouré de murailles. Sa solide clôture faisant obstacle à l'écoulement des eaux en temps d'inondation, motiva un conflit entre les religieux et la ville, après la grande inondation du 6 mars 1783. Un mémoire fut adressé à M. de Vergennes par les consuls et quelques autres habitants de Brantôme. Leur supplique fut écoutée : ils eurent gain de cause auprès du ministre. Les plus fortes crues de la Dronne pendant les trois derniers siècles furent celles de 1661, 1688, 1735, 1783, 1848, 1875 et 1876.

Aux deux extrémités d'une longue allée qui partage le jardin des Pères, on admire deux *cabinets* en forme d'hémicycle, bâtis probablement par Pierre de Mareuil. La voûte est à anse de panier ; leur arcade, qui mesure 3^m60 de largeur et 3^m de hauteur, laissait apercevoir leur étendue et leur profondeur. Semblables de style, ils diffèrent cependant par l'ornementation. La façade de l'un est décorée de colonnes corinthiennes monolithes avec pilastres, tandis que l'autre est sans colonnes. Ces deux monuments, ornés de gracieux rinceaux, appartiennent évidemment à la Renaissance. Ils rappellent les casinos des villas italiennes et se rapprochent du caractère architectural du château de Fontainebleau (1). Malheureusement, pour les utiliser, le propriétaire du jardin leur a fait subir une transformation regrettable : un mur en parpaing, où l'on a ménagé la simple ouverture d'une porte, ferme l'arcade, et l'un de ces monuments si décoratifs, exhaussé par quelque vandale de maçon, semble gémir sous le poids lourd et grossier de l'étage qu'il supporte. Nous pourrions ajouter que le fermier de l'immeuble ne se gêne guère pour planter de gros clous dans les joints des rinceaux, quand il veut suspendre au soleil son filet de pêche ou quelques outils de jardinage. *Sic transit gloria...!*

A remarquer, en face du jardin des Pères, de vieilles maisons qui portent quelques traces des anciennes fortifications de la ville. On y voyait encore, il y a une vingtaine d'années,

(1) L'abbé Audierne.

les restes d'une tour semblable à celle des *Grands fossés*.

En revenant sur ses pas jusqu'au delà du chevet de l'église abbatiale, le visiteur se trouve en face du *Portail vert* ou *Porte des réformés*, qui livre passage à la ligne du tramway. La rue qui longe cette voie ferrée jusqu'à la gare s'appelait autrefois *rue Saint-Germain*. Après l'épouvantable tuerie de 260 paysans dans le manoir des Joumard de Chabans, à Lachapelle-Faucher, par les huguenots de Coligny (juin 1569), l'armée des princes entra dans Brantôme par cette rue. « L'abbaye était une proie désignée d'avance à la fureur des calvinistes. Elle était alors riche, prospère et dans toute sa gloire, et l'abbé qui en possédait le bénéfice, Pierre de Bourdeille, un abbé guerrier, s'il en fut, venait de combattre, à Jarnac, dans l'armée royale, contre l'armée de Coligny. Pierre de Bourdeille, par le prestige de sa famille, de ses relations, de son esprit, contribuait à l'éclat du nom de Brantôme. Il vivait là en convalescence, « s'estant retiré du camp, à cause d'une » grosse fièvre qui l'avait si vilainement saisi, » qu'il ne put s'en défaire de dix mois ». Il habitait cet agréable castel, rasé depuis, que baignaient les eaux de la Dronne et dont les fondations encore existantes servent de soutènement à la promenade dite des *Terrasses*.

» Brantôme, on le sait, n'était pas un exalté.

Il faisait la guerre en amateur plutôt qu'en partisan. Il comptait, d'ailleurs, de vieux camarades parmi les huguenots. Il tenait en haute estime leur chef, Coligny, avec la femme duquel il avait un certain degré de parenté... Le nom de la ville où les calvinistes avaient entrevu de loin une proie magnifique, dut éveiller dans l'esprit de Coligny le souvenir du joyeux abbé qu'il avait plus d'une fois rencontré à la cour des Valois, avant ces querelles de religion. L'abbé, de son côté, sentit, à l'approche de Coligny, qu'un caractère de cette trempe, qu'une âme aussi chevaleresque, ferait céder les impitoyables nécessités de la guerre devant le sentiment délicat qui rapproche, bon gré mal gré, les esprits d'élite. Et puis, sur cette abbaye, vers laquelle s'avançait, aux côtés de Coligny, le fils de Jeanne d'Albret, le prince de Navarre, planait le souvenir protecteur de l'un des prédécesseurs de Pierre de Bourdeille, « de ce grand cardinal » d'Albret, rempli de toute grandeur de race » et de cœur (1) », grand-oncle du prétendant.

» L'heure de la modération avait sonné. Coligny contint la fureur et la voracité de ses Allemands. L'abbaye et la ville de Brantôme furent respectées par les calvinistes, et l'on eut le spectacle d'une trève de quelques heures s'imposant comme par enchantement à des for-

(1) Brantôme : *Vie des hommes illustres,* François Ier.

BUSTE DE PIERRE DE BOURDEILLE

cenés dont la longue marche, à en croire la chronique, ne fut qu'un pillage continu.

» L'été se passa sans nouvelles alarmes... On était arrivé au milieu d'octobre : les moines et les habitants de Brantôme venaient de fêter, sans encombre, leur patron saint Sicaire, quand tout à coup cinq mille cavaliers protestants s'abattirent sur la ville comme une trombe. C'étaient encore les reîtres de Coligny, les princes et l'amiral en tête. Ils débouchaient sur le même point qu'au premier passage, mais d'un autre chemin, du côté de la Saintonge...

» Il était bien arrêté, dans l'esprit de Coligny, qu'il ne serait fait aucun mal à l'abbaye de Brantôme et que sa bienveillante attitude du mois de juin ne se démentirait pas. Il en avait donné à l'abbé l'assurance formelle, prévoyant sans doute une nouvelle incursion... « Sauvons-nous ! criait-on de toutes parts sur sa route, voici les reîtres de Coligny ! » La ville de Brantôme, plus favorisée que le reste du pays, en fut, encore une fois, quitte pour la peur. La porte des réformés s'ouvrit d'elle-même, à deux battants, devant ces hôtes de passage, qui entrèrent dans l'abbaye et y firent halte plutôt en amis qu'en conquérants. Conquérants ! ils n'en avaient guère les allures. Les pauvres reîtres, affamés, dépenaillés, brisés de fatigue, faisaient pitié, bêtes et gens... Après quelques heures de repos, la Dronne franchie, l'armée calviniste reprit sa course vers le midi (1) ».

A remarquer encore dans Brantôme la maison *Bertout*, dont la cheminée, lanterne élégante et légère, est un curieux spécimen du XIIe siècle.

On trouve un peu partout à Brantôme, ornant galeries, terrasses, balcons, jardins, les gracieux balustres du XVIIIe siècle, qui font au quai une merveilleuse bordure depuis le pont jusqu'au chevet de l'église.

Dans les environs de Brantôme, soit qu'on remonte, soit que l'on descende la vallée de la Dronne, on trouve partout des sites pittoresques.

Sur la rive gauche, à 2,500 mètres en amont, se dressent les rochers de *Subreroches* et la falaise du *Moulin de Lombraud*. Plus loin, sur la rive droite, le hameau des *Roches* doit son nom aux masses de rochers qui le dominent, en formant sur la crête de la colline une ligne non interrompue, recouverte d'un rideau d'arbres. Sur leurs flancs restent suspendus, dans un équilibre effrayant, des blocs qui menacent d'obstruer la route et d'ensevelir le voyageur. Près de là, les eaux de la Côle, toujours limpides et abondantes, s'unissent à celles de la Dronne.

(1) M. Georges Bussière, *Bulletin*, t. **VI** ; *Recherches inédites d'art et d'histoire sur l'abbaye de Brantôme.*

A 3,500 mètres en aval de Brantôme, on peut visiter la *chambre brune*, caverne vaste et obscure, à plusieurs compartiments, dont le dernier, où l'on ne pénètre qu'en rampant, a vue sur la route par une étroite ouverture circulaire. Un peu plus loin on voit, à droite, le château de Ramefort, et à gauche, les rochers de Valeuil.

Un kilomètre plus bas commencent les rochers géants de Bourdeille, qui s'étendent, sur une ligne d'environ 1,500 mètres, jusqu'au faubourg de cette petite cité. Bourdeille était déjà une place forte au xiii siècle, lorsqu'elle fut assiégée et prise en 1263 par Gui, vicomte de Limoges. Les Anglais s'en emparèrent dans le siècle suivant, après avoir assiégé le château pendant deux mois, mais ils furent chassés en 1377 par Du Guesclin. Le seigneur de Bourdeille était, comme ceux de Beynac, de Biron et de Mareuil, un des quatre barons du Périgord.

Le château, reconstruit au commencement du xiv siècle, est entouré d'une double enceinte de murailles. Dans la première s'ouvre, entre deux tours à mâchicoulis, une porte en cintre surbaissé et donnant entrée dans une cour assez étroite, bordée à droite par un mur percé d'une arcade à bossages vermiculés, de la fin du xvi siècle, qui conduisait aux jardins. Arrivé dans la seconde enceinte, on se trouve entre deux châteaux. Celui du xiv siècle occupe à gauche, dit M. de Verneilh, « un promontoire étroit et escarpé, complètement inaccessible du côté de la rivière, et isolé du côté de la ville par un ravin profond où s'est blottie la rue principale de Bourdeille, et par une large coupure creusée dans le rocher. Une enceinte élevée, qui n'a pas perdu un seul de ses mâchicoulis, et dont les murs se confondent avec la base du donjon, complétait ce système de défense et faisait de Bourdeille une place forte très redoutable.

» Le château proprement dit consistait en un bâtiment simple à deux étages, comprenant chacun deux grandes salles qui se commandent ; une tourelle à pans occupe l'angle qui domine le pont. Le *donjon* (40 mètres de hauteur environ) se trouve à l'angle opposé : c'est une tour octogonale d'une hardiesse et d'une conservation admirables ; ses quatre étages renferment des salles voûtées et sont couronnés par de grands mâchicoulis cintrés, analogues à ceux des remparts d'Avignon. Une tourelle prismatique, engagée dans un des murs, sert de cage à l'escalier... De la plate-forme de la tour, l'œil embrasse un magnifique horizon, et c'est de là seulement qu'on peut se faire une idée exacte de la hauteur du donjon et du merveilleux aplomb de ses murs. » Sur un côté de la cour existait primitivement une remarquable chapelle à deux étages ; mais elle n'a pu résister aux morsures du temps qui, à la longue, dévore tout (1).

Au xvi° siècle, Mme de Bourdeille, la belle-sœur du célèbre Brantôme, fit élever, sur ses propres plans, un autre château, à droite du précédent. C'est une grande construction carrée à trois étages séparés par de belles frises sculptées, percée de hautes et larges fenêtres en croix et « cachant ses toitures plates derrière une rangée de créneaux... les corridors voûtés, l'escalier et surtout le grand salon de réception, font le plus grand honneur à leur noble architecte ». Ce grand salon, ou *chambre dorée*, présente encore, quoique à demi effacées, de fort belles peintures décoratives (arabesques sur les poutres et poutrelles du plafond, série de paysages, de villes et de châteaux sur les panneaux des boiseries, etc.). Aux deux extrémités de la salle, de vastes cheminées en menuiserie, dont les peintures ont été refaites, montent jusqu'au plafond et complètent l'ensemble, qui devait être somptueux avant l'enlèvement des tapisseries et des meubles. Le château de Mme de Bourdeille n'a pas été terminé : une galerie, dont on voit encore les arrachements, devait relier le corps de logis existant à un autre de même forme et de même dimension, qui n'a jamais été commencé.

Les châteaux de Bourdeille, après l'extinction

(1) *Tempus edax rerum* (OVIDE).

de la branche aînée des seigneurs de Bourdeille, appartinrent, pendant le xviiie siècle, à
M. de Bertin, conseiller d'Etat et ministre sous
Louis XV. Ils ont été rachetés depuis par une
branche cadette de l'ancienne famille sei-
gneuriale (1).

(1) V. A. JOANNE, *France de la Loire à la Garonne*, p. 346.

TABLE ALPHABÉTIQUE DES MATIÈRES

GLANE DANS L'HISTOIRE DE BRANTOME

I. — Origine de son couvent.

Le *Gallia Christiana* affirme que l'abbaye de Brantôme, de l'ordre de saint Benoît, « fut fondée par l'empereur Charlemagne l'an 769, d'après Mabillon, qui cite ce passage de Duchesne (t. II, p. 28) : *L'an 769, Charlemagne, s'avançant de nouveau vers Périgueux, jeta les fondements d'une église près de la rivière de Dronne, en l'honneur du bienheureux Pierre, prince des apôtres. Peu de temps après* (1), *il y déposa un des innocents, que le pape romain avait donné à son père. Le lieu où cette église fut construite s'appelle Brantôme.* » Estiennot et René du Cher disent que le pape Léon III la consacra en 804.

Suivant d'autres, Louis le Débonnaire, à son avènement au trône d'Aquitaine, fonda l'abbaye de Brantôme. La domination tyrannique des

______

(1) Probablement lorsqu'il se rendait en Espagne pour rétablir dans Saragosse l'autorité d'Ibinaralabi, et peu de jours avant la défaite de Ronceveaux, devenue si célèbre par la mort du fameux Roland. (*L'abbé Audierne*).

Sarrasins dans la Septimanie avait réduit clergé à un état si déplorable, que les clercs, oubliant les choses saintes, ne s'occupaient plus que d'équitation et d'exercices militaires. Le jeune roi s'efforça de rendre au clergé son ancienne dignité. Il rétablit les écoles de lecture et de chant, remit en honneur les lettres divines et humaines, et releva, par l'éclat et la pompe, la majesté du culte. Les couvents excitèrent plus particulièrement sa sollicitude. La vie contemplative devint surtout l'objet de ses faveurs. Il restaura ou créa vingt-six monastères ; mais celui de Brantôme n'étant pas nommé dans leur liste, on ne peut avec raison en attribuer à ce prince la fondation (1).

La chronique de Maillezais dit à son tour que le monastère de Brantôme fut bâti par Pépin, roi d'Aquitaine, fils de Louis le Débonnaire ; mais Mabillon nous apprend qu'il faut attribuer cette fondation, en l'année précitée, non pas à ce Pépin, mais au roi des Francs, son bisaïeul, qui portait le même nom. D'ailleurs, la liste des abbayes du royaume, dressée en 817 par ordre de Louis le Débonnaire, fait mention de celle de Brantôme parmi les monastères d'Aquitaine. Elle existait donc à cette date, qui est la date même de l'avènement de Pépin au trône d'Aquitaine.

L'abbé Audierne croit, mais sur de simples

____

(1) L'abbé Audierne.

inductions, qu'on peut reculer jusqu'au vi⁰ siècle l'origine de l'abbaye de Brantôme. « Saint
Benoit, le patriarche des moines, dit-il, était en
grande vénération dans l'Occident ; on accou-
rait de toutes parts dans les montagnes de Su-
blac pour être témoin de ses vertus et implorer
le secours de ses ferventes prières. Son puis-
sant exemple entraînait à l'imitation ; et, à cette
époque, les pays les plus agrestes de France se
peuplaient d'ermites. C'était vers l'an 540. La
lutte était encore assez vive entre le paganisme,
le druidisme et le christianisme. La situation
de Brantôme offrait à des solitaires le double
avantage de détruire l'erreur et de se maintenir
dans la retraite. Il n'est pas douteux que la religion druidique recevait des hommages et comptait des adorateurs dans cette contrée. La présence d'un autel érigé par les druides dans les
environs de Brantôme, aujourd'hui connu sous
le nom de pierre-levée, constate cette vérité (1),
et les nombreux débris de monuments romains
disséminés sur le sol, nous font penser que le
culte du peuple-roi y était aussi en honneur (2).

(1) Aujourd'hui, les archéologues regardent comme erronée
l'assertion donnant les dolmens pour des autels druidiques.
Ils ne sont, d'après eux, que de simples tombeaux.

(2) Dans une visite à Brantôme, saint Front, évêque de Périgueux, y trouva une statue de Mercure, que les habitants avaient
placée dans une grotte où ils allaient l'adorer. D'un signe de
croix, l'apôtre la réduisit en poudre ; puis il ressuscita un enfant dont la mère éplorée s'était jetée aux genoux du saint,
le conjurant de lui rendre son fils. Ces miracles déterminèrent

Des rochers caverneux bordant la Dronne, et ne laissant entre elle et eux qu'un espace très étroit, en rendaient l'abord très difficile. C'est là que se fixèrent quelques religieux. Protégés d'un côté par les rochers qui s'élevaient perpendiculairement sur leur habitation, et de l'autre par une rivière infranchissable sans le secours d'un pont, ils purent vivre tranquilles, et détruire par leur influence les erreurs religieuses que combattaient déjà leurs croyances et leurs vertus. Une fontaine, dont les eaux abondantes et limpides servaient à leurs besoins, ornait leur

un grand nombre de païens à embrasser la religion chrétienne. (V. Pergot, *Vie de saint Front*, p. 250.) Les faits que nous venons de rapporter semblent confirmés par une tradition qui se conserve encore à Brantôme. « Il existe dans les carrières voisines de l'abbaye une grotte appelée *lu crô dé lo Boboïou*, écrivait le docteur Machenaud en 1864. La Boboïou (mot patois qui signifie statue) est l'épouvantail des enfants. Il n'y a pas une mère à Brantôme qui ne menace quelquefois ses petits de les porter *din lu crô dé lo Boboïou*. En admettant avec M. Audierne, que l'église primitive de Brantôme fut construite sur l'emplacement d'une grotte où les druides célébraient leurs mystères, n'est-il pas permis d'en conclure que la *Boboïou* était une idole de cette grotte ?

D'un autre côté, comme on est généralement d'accord que les druides défendaient expressément toute représentation de la divinité et qu'ils adoraient l'être suprême en plein air dans les forêts ; que ce n'est que sous la domination romaine que leur religion s'altéra en se fondant avec la religion romaine, et qu'à cette époque seulement on commença à représenter des dieux gaulois, dont on latinisa le nom ; la *Boboïou* ne peut remonter au delà des premiers siècles de l'ère chrétienne. » (Manuscrit de M. Machenaud).

solitude et lui donna son nom, puisque Brantôme, dans la langue celtique, signifie fontaine du rocher. Nous avouons que ces circonstances, favorables à l'établissement d'un couvent, n'en constatent point cependant la date, et qu'on peut contester l'époque que nous assignons à Brantôme ; mais si cette époque est inconnue, si le couvent existait lorsque Charlemagne en fit construire l'église, n'est-il pas naturel de penser que son origine doit remonter à la plus haute antiquité, et se rattache surtout aux temps de ferveur où la vie érémitique était en grande vénération ? Un nouveau motif vient fortifier nos conjectures : c'est que Brantôme resta toujours une pépinière de bénédictins que l'on disséminait dans les collèges ; privilège que lui méritait sans doute sa suprématie, conséquence naturelle de son ancienneté. »

N'est-il pas permis de corroborer l'opinion de l'abbé Audierne par ce fragment d'une lettre de Gérard Frinel à dom Gérard Quatremaire (XVIIe siècle) ? « Les grottes de Brantôme, célèbres pendant le gentilisme par la vénération des faux dieux, furent depuis célèbres par l'habitation de plusieurs personnes qui les changèrent en ermitages ; ces lieux étant aussi propres pour la demeure et pour le dessein de telles personnes, qu'ils l'étaient, comme nous l'avons dit, pour faire des sacrifices aux idoles ; et de l'un et de l'autre, il en reste quelques marques. » Les ermites dont parle Frinel étaient bien comme le germe de la communauté bénédictine.

II. — Principaux abbés de Brantôme.

Le *Gallia Christiana*, complété par quelques autres indications, nous fournit une liste de soixante-dix abbés de Brantôme. Nous mentionnerons ceux auxquels se rattachent, tout au moins par leurs dates, des faits ou documents dignes d'être conservés.

Saint Antime (Antive ou Antibe), fut un des premiers abbés de Brantôme. On le fêtait autrefois le 11 janvier, et sa translation était fixée aux calendes de décembre. Aujourd'hui, on le célèbre dans tout le diocèse le 16 février.

Au xviiie siècle, l'église du monastère conservait encore ses reliques à l'autel principal, dans une châsse recouverte de lames de cuivre. Elles disparurent pendant la Révolution. Pour suppléer autant que possible à leur absence, le curé actuel a transformé en chapelle, sous le vocable de saint Antime, une des pièces qui longent la partie encore debout de l'ancien cloître et qui servait de cave au presbytère depuis quarante ans (1895, et inauguration solennelle le 16 février 1897).

Le monastère de Brantôme possédait aussi les corps de saint Sicaire, innocent, de saint Sylain, martyr, dont un os du bras avait été donné « à Messieurs de Périgueux pour être mis dans la principale paroisse de leur ville, (Lespine, t. vi, p. 181), et des deux sœurs Menne et Galle, qu'une tradition relatée par le P. Dupuy dit originaires de Marsac, près Périgueux. En 1676, leurs reliques se trouvaient dans une châsse à l'autel de la sainte Vierge, dit Estiennot (1).

Les vies de ces saints et saintes, ajoute-t-il, ainsi que les comptes-rendus des translations de leurs restes sacrés, existaient encore en 1427. Un Anglais, nommé de Mucidan (*aliàs* de Moncada), emporta les plus anciens et par suite les plus précieux de ces documents. Il avait cependant laissé un très grand volume en parchemin, d'une écriture très ancienne, relevée d'élégantes enluminures, où étaient consignées la fondation de l'église du monastère par Charlemagne, sa consécration par le pape Léon III, et la donation des reliques de saint Sicaire par le grand empereur. On retrouva aussi un autre manuscrit fort ancien contenant la fondation de l'abbaye par le même empereur, et un troisième document, qui était un très vieux volume des cérémonies du monastère contenant la légende de saint Sicaire.

La destruction du monastère de Brantôme par les Normands (vers l'an 849 ou 855, d'après l'abbé Audierne), explique l'absence de documents sur ses premiers abbés (*Gall. Christ.*). Il n'est guère question de Brantôme dans les anciens auteurs avant 950. (Estiennot et René du Cher.)

Martin. — Sous le règne de Louis IV d'Outre-

(1) Un rapport de Pierre Berthou, en 1649, mentionne dans l'église de l'abbaye deux ossements d'un bras de saint Antoine renfermés dans un reliquaire en forme de bras d'argent.

mer (936-954), Bernard de Taillefer, comte de Périgord, restitue des biens volés au monastère.

GRIMOARD, second fils du vicomte Aimeric et frère d'Islon, évêque de Saintes, naquit au château de Mussidan vers le milieu du x⁰ siècle. Il fit ses études en vue de l'état ecclésiastique. L'évêque de Périgueux l'appela de bonne heure à siéger dans son conseil comme chanoine, et, peu après, lui donna l'abbaye de Brantôme.

Ce monastère avait été complètement ruiné par les incursionnistes du ixe siècle, et c'est à peine si, depuis quelques années, avec le retour de la paix, les religieux de Brantôme commençaient à recouvrer leurs biens antérieurs. La sage administration du nouvel abbé permit cependant de reconstruire le cloître et l'église, dont il restait encore en 1842 les arcs-doubleaux, les arcades murées et un pilier que l'on avait utilisé dans les constructions ultérieures.

En ce temps venait de s'allumer, au sein de la maison des Taillefer, entre la branche d'Angoumois et celle de Périgord, une querelle des plus ardentes. Les fils de Bernard ne voulurent pas reconnaître à Arnaud Taillefer, « qu'ils prétendaient enfant naturel de Guillaume, » son droit à la succession au comté d'Angoulême, et firent maintes tentatives pour s'emparer, soit de lui, soit de ses terres. Au moment où se conclut la paix, et comme pour ratifier le traité qui fut alors signé, le comte d'Angoulême fit à l'abbé du plus important monastère du Périgord présent de la plus riche abbaye de l'Angoumois : Grimoard, abbé de Brantôme, fut nommé abbé de l'abbaye royale de St-Cybard (vers 982). Neuf ans plus tard, il succédait sur le siège épiscopal d'Angoulême à Hugues de Jarnac, démissionnaire. Il reconstruisit et consacra l'église cathédrale de cette ville, dont une belle portion subsiste encore (1).

Le 29 décembre 1001, Edouard, roi d'Angleterre, en considération de la pauvreté occasionnée par les guerres et des fréquentes inondations qui ravageaient les murs, les ponts et les fossés de Brantôme, lui donne « pleine puissance d'imposer ou faire imposer sur toutes les vinades et autres marchandises qui se vendraient et débiteraient dans ladite ville de Brantôme. »

Guillaume Ier. — En 1080, Hélie, comte de Périgord, charge Seguin, abbé de Chaise-Dieu, de la réforme du monastère de Brantôme. Voici un passage de leur traité : « Moi, Hélie, comte de Périgord, redoutant les peines de l'enfer et mû du désir de mériter une place parmi les élus de Dieu, j'ai craint de favoriser le relâchement des moines en gardant sous ma juridiction l'abbaye de saint Pierre, prince des apôtres, et de saint Sicaire innocent, de Brantôme... C'est

____

(1) J. Mallat, *Bulletin*, t. XIII, 359 et suiv.)

pourquoi, sur l'avis du seigneur Guillaume de Mont-Bérulphe, évêque de Périgueux, et du clergé, j'en ai confié le gouvernement à Seguin, abbé de Chaise-Dieu, et à ses successeurs. »

Cette réforme ne fut pleinement appliquée au monastère de Brantôme qu'à la nomination de l'abbé Odon, en 1180.

Nicolas (1248-1275) était fils de Marie de Ramefort.

Bernard III de Maumont, élu en 1280, fut déposé par Raymond, évêque de Périgueux, pour avoir refusé de reconnaître la juridiction de ce prélat sur son monastère. Le pape Nicolas IV chargea Guillaume, évêque d'Angoulême, de régler leur différend. Celui-ci, après avoir obtenu le désistement de l'évêque de Périgueux, rétablit Bernard dans son ancienne dignité, que les religieux avaient confiée à Hélie de Fayolle.

Les ancêtres de ce Maumont étaient, un siècle auparavant, de simples paysans de la paroisse de Milhac en Nontronnais, attachés au service d'un seigneur Ventadour. Le prieur du Vigeois raconte que vers 1150, lors d'une visite faite à ce seigneur par le vicomte de Limoges, le premier des Maumont éblouit si gentiment et si à propos l'illustre visiteur de la magnificence de son maître, que le maître reconnaissant anoblit le valet. Ce fut pour les Maumont le point de départ d'une si grande fortune, qu'un siècle après nous les trouvons dans les conseils du roi et sur le siège abbatial de Brantôme (1).

Hélie de Campniac (1353-1371) fut inhumé dans l'église.

Pierre III Foucault (1371-1404).

« Plusieurs fois, dit l'abbé Audierne, les guerres anglaises désolèrent le couvent de Brantôme. Fomentées, favorisées par Archambaud, comte de Périgord, soutenues par de puissants seigneurs, elles devinrent redoutables, surtout vers la fin du xiv° siècle, pour les villes et les monastères qu'une constante fidélité signalait à leur fureur. Le seigneur de Mussidan, de la noble famille de Grammont, attaché au parti anglais, voulait son triomphe. Courageux, intrépide, il était partout où le danger l'appelait, et il secondait puissamment les entreprises d'Archambaud. Maître de la ville de Brantôme, dont il s'était emparé en 1382, il dévasta le couvent et détruisit une partie de l'église. C'était un ennemi redoutable dont il fallait se débarrasser au plus vite. On sollicita une négociation, on l'obtint ; mais la ville, pour recouvrer sa liberté, prit l'engagement d'entretenir sept forteresses anglaises, et les religieux payèrent une rançon. Affranchi du joug du vainqueur, on s'empressa d'en effacer la douloureuse trace. Brantôme re-

(1) V. G. Bussière, *Bulletin*, t. xx, p. 438.

leva ses murailles, et le monastère restaura son église. La voûte des deux premières travées fut reconstruite suivant le style de l'époque, et un acte authentique nous fait juger qu'elle était achevée en 1391, neuf ans après sa destruction : » c'est le testament de Raymonde de Chambon, du 16 juillet 1391 ; il nous apprend que cette église avait alors quatre autels dédiés à Notre-Dame (l'autel paroissial), à saint Sicaire, à saint Michel et à sainte Catherine.

Le 30 août 1400, lettres patentes du roi Charles par lesquelles il donne 1,000 fr. pour réparer et fortifier la ville de Brantôme.

En 1404, les Anglais s'emparent de la ville de Brantôme, quoique bien fortifiée, s'établissent dans le couvent devenu désert et logent leurs chevaux dans l'église. Après quatre années d'une occupation tyrannique, contraints par les troupes françaises d'abandonner la ville, ils renversent ses murailles, ruinent ses fortifications, bouleversent le couvent et démolissent le sanctuaire. Il fallut plus d'un demi-siècle pour réparer tant de malheurs ; l'église ne fut restaurée qu'en 1465, et c'est alors qu'on édifia sa partie la plus ornée et la plus belle, c'est-à-dire le sanctuaire (1).

PIERRE IV DU PUY-SAINT-ASTIER. Il fut tué

____

(1) L'abbé Audierne.

dans un assaut que les Français livrèrent aux Anglais, maîtres de l'abbaye, en 1405.

Guy de Broilhac (1408-1444) eut sa sépulture à la porte de l'église du monastère.

Jean de Bernage (1446-1465). Un acte d'Etienne de Laforêt, « prêtre de Brantôme et notaire par l'autorité apostolique et impériale, » nous apprend que Pierre de Ramefort, seigneur de la maison ou repaire de Ramefort, sis en la paroisse de Valeuil, et son neveu Guillaume de Ramefort, d'un commun accord et vouloir, sans chapeau ni ceinture, étant à genoux devant Jean Barnage, abbé et seigneur du monastère de Saint Sicaire de la ville de Brantôme, « ont reconnu tenir, avoir et posséder, comme leurs prédécesseurs auparavant tenaient un fief dudit sieur abbé, le susdit repaire de Ramefort... et dorénavant devoir au seigneur abbé un hommage lige avec un denier d'accepte, lors de la mutation de seigneur ou héritier, comme on a coutume » ; ils ont prêté serment de fidélité et ont reçu de l'abbé le baiser de paix, en présence de Pierre Machebros, dit Lombros, et de Pierre Meyrejas.

A cette époque, le couvent de Brantôme fut pillé par l'Anglais de Mucidan (vers 1463).

Par une transaction en date du 5 juin 1464, le sacristain et l'aumônier de l'abbaye de Brantôme sont tenus de réédifier à leurs frais communs la chapelle de Notre-Dame du Reclus, et les oblations et autres émoluments de cette chapelle seront communs auxdits sacristain et aumônier.

PIERRE V DE PIÉDIEU DE ST-SYMPHORIEN (1465-1499). Homme de grand savoir, il fut vicaire général de l'évêque de Périgueux, Hélie de Bourdeille. Il restaura l'église du monastère, bâtit le cloître et mit fin à la longue querelle des abbés de Brantôme avec la maison de Bourdeille, relativement à l'hommage qu'elle leur devait. On l'inhuma entre le chœur et l'autel principal de saint Sicaire.

Le 4 février 1469, Charles, fils et frère des rois de France, duc de Guyenne, comte de Xaintonge, donne permission à l'abbé de Brantôme de faire rétablir les murailles et fortifications de la ville, que les guerres avaient mises en ruine.

AMANIEU D'ALBRET, cardinal et évêque de Bazas, fut le premier abbé commendataire de l'abbaye de Brantôme (1505-1520). Il rebâtit le monastère (1516) et fit construire à ses frais l'église paroissiale.

PIERRE VII SAUNIER DE LA BORIE (1520-1538). Le 3 mai 1528, dit René du Cher, il y eut chapitre général présidé par Antoine de Baune, prieur de St-Julien, le siège abbatial étant vacant (?) : Jean des Landes du Puy, Jean Saint-Marcel, aumônier du couvent, Pierre de Salignac, Gibert de Beauregard, Guilhaume de Vagartia et Louis d'Estrans, tous religieux de Brantôme, furent désignés à diverses charges. Anciennement, ajoute-t-il, 20 moines résidaient au couvent et 30 dans les prieurés. Dans le couvent, chacun d'eux recevait par jour un pain et demi, du vin et en monnaie 4 deniers. Pour son habillement, tout moine qui n'était ni administrateur ni bénéficiaire, recevait (annuellement ?) 40 sols.

Pierre VIII de Mareuil, évêque de Lavaur.

En 1554, le cardinal Augustin de Triulcis, du titre de St-Adrien, était administrateur perpétuel de l'église et évêché de Périgueux. Il se montra zélé en l'exécution des règlements qui avaient été faits l'année précédente pour la réformation de l'abbaye de Brantôme. L'abbé commendataire, Pierre de Mareuil, pria les religieux de la congrégation de Chezal-Benoît, de l'ordre réformé de saint Benoît, d'annexer son abbaye à leur réformation ; mais il mourut (1556) avant que son désir se réalisât. Ce fut en 1559 que les réformés prirent possession du monastère de Brantôme. Les anciens moines se retirèrent dans les prieurés (1).

(1) *Le Pouillé général contenant les bénéfices de l'archev. de Bordeaux* (Paris, 1648) donne la liste des prieurés dépendant

Un document de cette époque nous apprend que l'abbaye de Brantôme avait trente religieux, sans compter le prieur, le sacristain, l'aumônier et quatre autres dignitaires.

On doit à Pierre de Mareuil l'établissement du marché de Brantôme « pour chacun jour de vendredy de chacune semaine de l'an, pourvu toutefois que à 4 lieues à la ronde n'y ait ledit jour de vendredy aucun autre marché. » Les lettres patentes de François Ier octroyant cette faveur sont datées de Vilhers-Côterays, au mois d'août 1539, et accordées aux supplications de son « amé et » féal conseiller » maître Pierre de Mareuil.

Les restes mortels de Pierre de Mareuil sont sous les dalles de l'église, devant l'autel principal.

PIERRE IX DE BOURDEILLE, seigneur de Brantôme, abbé de 1557 à 1614, naquit, d'après les uns (c'est l'opinion de Mérimée), en Périgord, où était le berceau de sa famille, d'après les autres, en Navarre, où sa grand'mère, Louise de Daillon,

de l'abbaye de Brantôme et leurs revenus : St-Nicolas, près St-Romain (250 liv.), Condac (1000), Quantilhac (200), Bourdeille (800), Bourzac (300), Montagrier (1000), Mareuil, Manzac, Ste-Foy-de-Longa (250), St-Julien (400), St-Bibien (250) et St-Sicaire-de-Double (260), dans le diocèse de Périgueux ; La Garde, dans le diocèse de Bordeaux ; St-Laurent-de-Combes et St-Georges, dans le diocèse de Xaintes ; Perpézac-le-Noir, dans le diocèse de Limoges ; Ste-Luce (400), Clairvaut (800), Issène (600) et Cherchiliac (400), dans le diocèse de Sarlat.

douairière de Vivonne, était dame d'honneur, et sa mère dame de corps de la reine Marguerite. Il passa son enfance à la cour de Navarre, et après la mort de la reine, en 1549, vint faire ses études à Paris, puis ses humanités à Poitiers. En 1557, le roi Henri II le nomma abbé de Brantôme, en souvenir des bons services du capitaine de Bourdeille et sur les instances de M. d'Ausance, que Brantôme appelle « son bon cousin. » Il prend possession de son abbaye le 5 juillet 1558 et en conserve l'administration jusqu'en 1583.

Dès sa plus tendre jeunesse on l'avait destiné à l'Eglise. Aussi avait-on fait passer de bonne heure sur sa tête les bénéfices du doyenné de St-Yrieix et les prieurés de Royan et de St-Vivien, dont le capitaine Bourdeille, son frère, s'était démis en sa faveur. Cependant Brantôme ne se sentait pas de vocation pour la vie ecclésiastique, et, tout abbé qu'il fût, il voulut voir la guerre et courir le monde. Aussi, après qu'il eut pris possession de son abbaye de Brantôme, il obtint l'autorisation de faire une coupe dans la forêt de St-Yrieix, et, en ayant retiré 500 écus d'or, il se rendit en Italie pour servir sous les ordres du maréchal de Brissac (Charles de Cossé, comte de Brissac, maréchal de France, mort en 1563). Pendant la guerre de Piémont, il fut blessé à Portofino, près de Gênes, d'un coup d'arquebuse.

Son goût pour les voyages lui fit parcourir

l'Italie. Il séjourna à Milan, à Rome, à Ferrare, à Naples et dans d'autres villes encore. Il observait les mœurs des hommes, questionnait beaucoup, étudiait de même.

En 1560, il revint en France, reparut à la cour, qui se tenait alors à Amboise, et la suivit assidûment pendant 33 ans environ. La guerre civile était prête à éclater. Ses idées catholiques et son dévouement à la maison de Guise l'attachèrent au parti de la cour.

Il assista aux sièges de Bourges, de Rouen et d'Orléans, à la prise de Blois et à la bataille de Dreux.

En 1564, Brantôme entra dans la maison du duc d'Orléans (plus tard Henri III), en qualité de gentilhomme de sa chambre, à 600 livres de pension. C'était une sinécure qui lui permit de s'engager dans l'armée espagnole, commandée par don Garcia de Tolède, pour faire partie d'une expédition en Afrique. Après la victoire du Pignon de Vélez, où il combattait, il se rendit à Lisbonne : le roi don Sébastien le reçut comme un gentilhomme de distinction et lui donna son ordre du Christ. Elisabeth de France, reine d'Espagne, le reçut à Madrid et le chargea de transmettre à Catherine de Médicis le désir qu'elle avait d'une entrevue à la frontière de leurs Etats.

En 1565, Brantôme fit partie d'une expédition organisée par des gentilshommes pour porter secours à Malte, attaquée par l'armée de Soliman. Lorsqu'ils arrivèrent avec leurs 800 soldats, les Turcs étaient partis. Brantôme se rendit alors à Rome, où il fut reçu avec distinction par le Pape, et, de là, à Milan, où il voulut se perfectionner dans la science de l'escrime par les leçons du célèbre tireur Tape. A Turin, il fit sa cour au duc de Savoie. Marguerite de France, duchesse de Savoie, qui avait connu la mère de Brantôme à la cour de Navarre, lui offrit 500 écus d'or ; mais il les refusa, disant qu'il avait assez d'argent pour retourner en France.

Les guerres de religion, qui s'étaient rallumées, le virent à la bataille de St-Denis, puis en Auvergne. En 1568, il défendait Péronne contre les huguenots. La paix signée, il revint à la cour de Charles IX, qui le nomma gentilhomme ordinaire de sa chambre ; mais il se retira bientôt dans son abbaye pour se guérir des fièvres qui le fatiguaient. Il y resta jusqu'en 1571. « Le séjour de l'abbé de Brantôme dans son monastère, dit l'abbé Audierne, fut un bienfait pour le couvent. Deux fois les troupes protestantes, passant presque sous les murs de cet établissement, auraient pu s'en emparer, le détruire ; deux fois elles le respectèrent. Malgré la longue durée des guerres religieuses, ce couvent n'eut point à souffrir de leur aveugle fureur. Il devint un asile de sûreté ; et lorsque les religieux fuyaient de toutes parts leurs maisons désolées, il était pour eux un refuge assuré contre les persécutions et la mort. » En 1572, l'abbé de

Brantôme suivait le colonel Strozzi au siège de La Rochelle. En 1575, il était à Reims, au sacre de Henri III, qui lui donna bientôt, ainsi qu'à son frère André de Bourdeille, sénéchal du Périgord, le droit de nommer à l'évêché de Périgueux. Le premier évêque nommé par eux fut leur cousin, François de Bourdeille, religieux de St-Denis.

En 1576, Brantôme accompagna Catherine de Médicis dans son voyage en Poitou, et, en 1578, dans son voyage en Guienne. De cette époque date son attachement si profond à cette princesse.

A la mort d'André de Bourdeille, Brantôme, froissé de ne pas lui succéder dans la charge de sénéchal du Périgord, que Henri III fit passer aux mains du vicomte d'Aubeterre, résigna ses fonctions à la cour et n'y reparut plus. Mécontent de son maître, mécontent des Guise, il eut un moment la pensée de s'attacher au duc d'Alençon qui tenait contre le roi ; puis il songea sérieusement à prendre du service en Espagne contre sa patrie. Il en était là de ses indécisions lorsqu'un accident vint changer le cours de ses idées. Un cheval qu'il montait se cabra et se renversa sur lui d'une façon si malheureuse qu'il fut obligé de garder le lit pendant près de quatre ans. Alors, pour tromper l'ennui d'une longue réclusion qui n'était pas dans ses goûts, il se mit à rédiger ses Mémoires.

D'une humeur processive à l'excès, il plaida

avec ses parents, ses voisins, ses religieux, et légua encore des procès à ses héritiers par son testament mystique du 30 décembre 1609.

Il mourut le 5 juillet 1614, et fut inhumé dans la chapelle de son château de Richemont, qu'il avait fait préparer lui-même pour sa sépulture (1). M. Galy en donne la description suivante :

« Brantôme a prodigué sur les parois de sa chapelle funéraire des têtes de mort... Au milieu d'un semis de larmes, des crânes humains courent en longues files noires sur les murs blanchis à la chaux ; des fémurs et des tibias disposés en X leur servent de support, et chaque tête porte à son cou un cordon de dizains de chapelet avec une petite croix. Des parois de la voûte même tombent, mornes et glacées, ces apparences de regards aux orbites vides. Sur ces bouches osseuses erre ce rictus que les peintres du moyen âge ont donné aux *simulachres de la mort*, à ces figures de la Danse macabre, à laquelle Brantôme dut songer en faisant exécuter ces peintures. Autour de la chapelle, à la hauteur de la naissance du cintre, régnait un long voile noir, une litre, portant les écus armoriés des Bourdeille, des Vivonne et de quelques autres branches de la famille. On voit encore à la voûte un crochet en fer qui long-

(1) Pour cette notice nous nous sommes surtout servi d'un article publié par le marquis de Bourdeille dans le *Bulletin de la Société historique et archéologique du Périgord*, t. XVII.

temps a dû porter suspendues les plus belles et les plus chères armes de Brantôme, ainsi qu'il l'avait ordonné : « Epée argentée, donnée par M. de Guise ; rapières espagnoles, bonnes et éprouvées ; arquebuses fort aimées qu'il porta en guerre et qu'il fit valoir ; armure complète, cuirasse, brassard, salade, cuissot ; rondelle, couverte de velours noir, éprouvée, don du prince de Condé, au siège de La Rochelle ; chapel de fer, couvert de feutre noir avec cordons d'argent qu'il porta dans plusieurs sièges. » Trophées véritables du soldat qui veut être accompagné par ses vieux amis jusqu'au tombeau. » (1).

On trouve aussi dans cette chapelle la fastueuse épitaphe que Brantôme avait pris soin de rédiger lui-même :

« Passant, si tu es curieux de scavoir qui gist en ceste chappelle, c'est le corps de messire Pierre de Bourdeille, en son vivant chevalier gentilhomme ordinaire de la chambre des roys Charles IX et Henri III, chambellan de Monsieur le duc d'Alençon leur frère et pansionnaire des ditz roys de la somme de deux mille livres par an, seigneur et baron de Richemont de St-Crespin, la chappelle Montmoreau et conseigneur usufructuaire de Brantosme. Issu du costé paternel de la très noble et antique race de Bourdeille, renommée dez le temps de Charlemagne comme les histoires anciennes et vieux romans tant françois,

____

(1) *Bulletin*, t. VII, p. 203.

italiens qu'espagnols et tiltres vieux et anticques monumens de la maison le tesmoignent de père en filz iusques à auiourd'huy et du costé maternel de ceste grande et illustre race de Vivonne et de Bretaigne. Il fist son premier apprentissage aux armes soubz ce grand capitaine Monsieur François de Lorraine, duc de Guyse, et eust soubz sa charge deux compagnées de gens de pied, et ne dégénéra en rien de la vertu de ses ancestres, mais se trouvast en plusieurs guerres et combats hazardeux tant en France qu'en pays estrangers : mesme le roy de Portugal dom Sébastien honorant sa valeur au retour de la conqueste de la ville de Belys et son Pignon en Barbarie, le fist chevalier de son ordre appelé l'habito de christo ; et nonobstant toutes ces grandeurs, il n'a jamais eu de repos et contentement dans ce monde. Aussi, une âme généreuse n'en pouvoit avoir que dans le ciel.

» Il décéda le cincquiesme juillet l'an mil six cens 14. Prie Dieu pour luy. »

Jusqu'à la Révolution les bénédictins envoyèrent chaque dimanche un des leurs à Richemont dire la messe près des restes mortels de leur ancien abbé. Nous tenons ce renseignement de M. le comte de Saint-Légier, propriétaire du château, parent de Pierre de Bourdeille ; et nous croyons, comme lui, que cette coutume séculaire avait son origine dans une œuvre pie du célèbre abbé.

Brantôme a écrit : 1° *La vie des hommes illus-*

tres et des grands capitaines français ; 2° La vie des grands capitaines étrangers ; 3° La vie des dames illustres ; 4° La vie des dames galantes ; 5° Anecdotes touchant les duels ; 6° Rodomontades et jurements des Espagnols. M. le docteur Galy a découvert, chez un marbrier de Périgueux, il y a vingt-cinq ans, le *Recueil des jeunes amours* de Pierre de Bourdeille.

« Plus soldat qu'abbé, plus conteur qu'historien », écrivait M. Galy, « Brantôme a donné des preuves d'un grand savoir et d'un talent d'écrivain qui, parfois, le place au premier rang. » (1) On trouve dans ses récits, dit l'abbé Audierne, « du cynisme, de la méchanceté, peu de liaison dans les idées... et pas assez de respect pour la vérité » (2). « Comment pourrait-il être excusé d'avoir souillé sa plume de traits licencieux qui affligent l'homme de bien et feraient rougir l'innocence ? » ajoute Monmerqué. « Le plus grand reproche que la postérité puisse adresser à Brantôme, c'est, non point un fait, mais une pensée de trahison. Il ne faut pourtant pas le juger avec la rigueur que mérite aujourd'hui le Français qui vend ses services à l'ennemi. De son temps, les gentilshommes prétendaient encore à une complète indépendance et se croyaient libres de changer de suzerain,

(1) *Bulletin*, 1874, p. 34.

(2) *Le Périgord illustré*, p. 110.

lorsqu'ils avaient à se plaindre du maître que le hasard de la naissance leur avait donné » (1).

En 1559, l'abbé de Brantôme avait réuni son monastère à la congrégation de Chézal-Benoît, selon les vœux de son prédécesseur Pierre de Mareuil.

Le *Gallia Christiana* affirme que si l'abbaye de Brantôme existait encore au XVIIe siècle, elle le devait à Pierre de Bourdeille. Il est certain, nous le répétons volontiers, que l'armée des huguenots entra deux fois dans Brantôme en 1569, sans y faire, grâce à l'abbé, aucun dommage. Dans sa *Digression contre les élections aux bénéfices*, Pierre de Bourdeille se vante qu'en trois changements d'abbés, l'on n'a pu remarquer dans son abbaye « la moindre faute, abus, ni la moindre ruine du monde »... Après la bataille de Jarnac, les huguenots y ont passé et logé deux fois ; « jamais ils n'y ont fait dégat.., ni abattu une seule image en l'église, ni touché à aucun religieux, » jusqu'à dire ces propres mots : « que quand la messe serait là en propre personne, on ne lui ferait nul déplaisir, pour l'amour de moi. » La première fois, Brantôme, « vilainement empoigné » par une grosse fièvre dont il ne put se défaire de dix mois, reçut chez lui le prince d'Orange et M. l'Amiral. La seconde fois Brantôme était absent de sa ville.

(1) Mérimée.

A partir de 1583, Pierre de Bourdeille gouverna par ses confidentiaires Jean Lespinasse et Pierre Petit, dit Lacoutancie. C'est en demandant au roi Henri IV la résignation de Pierre Petit, que Brantôme écrivait, au sujet de son abbaye : « Vos devoirs de décimes payés, je ne puis tirer tous les ans mille livres. Le bien est beau : c'est tout. Mais la beauté sans revenu ne peut nourrir la personne. »

Dom Estiennot dit qu'après Pierre de Bourdeille plusieurs autres de la même famille possédèrent l'abbaye de Brantôme pendant près d'un siècle, comme par droit d'héritage, sous divers noms de gardiens (*Custodum*), tels que Arnaud Barbut et autres, et qu'ils emportèrent à Bordeaux et mêlèrent à leurs papiers de famille presque tous les documents du monastère : les diplômes de Charlemagne, de Louis le Débonnaire, de Pépin Ier et de Pépin II, les cartulaires, le légendaire et beaucoup d'autres monuments, dont la perte laisse tant de lacunes dans l'histoire de cette abbaye.

Henri Faulcher (1633-1648) unit le monastère de Brantôme à la congrégation de St-Maur.

On sait que la congrégation de St-Maur, immortalisée par les travaux de Mabillon, de Montfaucon, de Ruinart et de tant d'autres, fut créée en 1618. Elle naquit de l'association formée par diverses abbayes très anciennes pour adopter la réforme introduite, dès la fin du **xvi**e siècle, dans les monastères de Lorraine par dom Didier de la Cour, abbé de St-Vannes (1). La pratique exacte de la règle primitive de saint Benoît fut alors adoptée dans 180 abbayes ou prieurés. « Les religieux partageaient leur temps entre la prière et l'étude. On leur dut la restauration matérielle de plusieurs abbayes et la construction de plusieurs églises. Ils embrassèrent les différentes parties des sciences ecclésiastiques et se livrèrent aux travaux de critique et d'érudition. Dé nos jours, malgré l'épaisseur du préjugé, pour donner l'idée d'un grand et solide travail, on dit encore : « C'est une œuvre de bénédictin. » (2)

Claude de Bourdeille, comte de Montrésor, neveu et héritier de Pierre de Bourdeille (1654).

En 1645, un vol sacrilège vint attrister le couvent et affliger la ville de Brantôme. Il existait, à l'entrée de cette ville, sur la route de Périgueux, une chapelle de dévotion construite sur une grotte et dédiée à Notre-Dame du Reclus, en souvenir, sans doute, de quelque saint ermite qui avait habité ce lieu. Plusieurs fois dans l'année on s'y rendait en pèlerinage pour accomplir des vœux, solliciter des grâces et satisfaire la piété. Le mobilier de cette pieuse chapelle

(1) Montalembert.

(2) Fèvre, *Hist. gén. de l'Egl.*, t. 37e, p. 627.

excita la cupidité, devint pour quelques êtres pervers un objet de convoitise. Cet oratoire fut pillé. Les ornements, le calice en argent, les tableaux, les deux cloches même, dont l'une pesait un quintal, tout fut enlevé. Les voleurs avaient commis leur crime dans la nuit ; il fallait les découvrir. Les consuls firent des perquisitions ; elles demeurèrent sans résultat (1). Le 27 octobre, Mgr François de la Béraudière, évêque de Périgueux, ordonnait à son tour la dénonciation des coupables dans les six jours qui suivraient, sous peine d'excommunication. Malgré tout, les auteurs de ce pillage sacrilège demeurèrent inconnus et impunis.

Le 10 mars 1646, transaction entre les dix religieux de l'abbaye de Brantôme et Certhou, vicaire perpétuel de l'église paroissiale Notre-Dame. Celui-ci déclare n'avoir aucun droit en cette chapelle, ni aux oblations et offrandes, qui appartiendront aux sacristain et aumônier de l'abbaye.

En 1649, inventaire dressé par Pierre Berthou, né en 1590 à Château-Pouissat (ou Poinssac) en Limousin, ordonné prêtre en 1613 par Henri de la Martonie, évêque de Limoges, et vicaire perpétuel de l'église paroissiale Notre-Dame de Brantôme. Nous en donnons un abrégé :

L'abbé de Brantôme est curé primitif de l'é-

_____

(1) L'abbé Audierne.

glise paroissiale, qui a six autels et deux chapel'es dédiées l'une à sainte Anne et l'autre à
saint Antoine. Près de la ville, à la distance
d'environ 600 pas, se trouve la chapelle du
Reclus, sous le titre de la Nativité de Marie,
avec deux autels, celui de la Vierge et celui de
St Joseph. On sanctifie la fête le 8 septembre.
Cette chapelle a été restaurée par le vicaire perpétuel Berthou de concert avec les religieux de
Brantôme. — Le cimetière de la paroisse est à
côté de l'église. Celle-ci possède deux confré-
ries : la confrérie de la Sainte Trinité, érigée
anciennement et approuvée depuis 25 ans par
l'évêque ; la confrérie de Notre-Dame du Mont-
Carmel, érigée le 15 juillet 1646 et approuvée.

Il y avait autrefois une confrérie de saint
Nicolas, qui s'est perdue depuis 35 ans.

Le 9 juin 1655, Guillaume Richard et Guillaume Raysys réclament relaxance de la ferme
du minage de Brantôme, consentie par eux à
Pierre Camus, marchand, au lieu et place des
syndics de la ville, parce que « la plus grand
part des habitants et religieux de la présente
ville sujets au paiement desdits droits, n'ont
jamais voulu en payer aucun auxdits som-
mants, quelle diligence ils aient pu faire, même
qu'en ayant convenu un desdits réfractaires par-
devant le juge de la présente ville aux fins de
son paiement, il obtint sa relaxance. »

Un plan de l'abbaye dressé en 1656 par dom

Joseph de la Béraudière, nous apprend que la grotte des bas-reliefs servait de pigeonnier et de bûcher ; celle qui longe l'église était la cave et le pressoir ; plus loin au nord se trouvait, toujours sous roche, « la cave de messieurs les anciens » ; enfin, tout près de la porte à mâchicoulis (dite des réformés), la grotte où est encore aujourd'hui installé un ménage servait d'écurie. Dans les grottes avoisinant le jardin situé derrière le logis abbatial, se trouvaient la menuiserie, la boulangerie, la buanderie, et devant ces annexes s'élevaient des arcades soutenant un grenier.

ANTOINE-ARMAND GUÉRIN (1662-1684). A cette époque se publiait à Francfort la *Topographie du royaume de France*, où nous lisons : « La ville de Brantôme est située dans la région du Périgord, sur les bords de la Dronne, entre Champagnac et Bourdeille, en un pays très fertile. Son abbaye, la plus belle et la plus riche de l'Aquitaine, s'élève au pied d'une colline boisée d'où s'échappent d'innombrables sources d'eau. La ville est petite, mais agréable. »

Le rapport de Pierre Berthou nous fait connaître l'état religieux de Brantôme au XVIIᵉ siècle. Il n'y a dans la paroisse qu'un prêtre, qui est vicaire perpétuel de St-Pardoux-de-Feix et qui se nomme Louis de Natand ; un diacre, Victor Nadaud, et deux tonsurés, Antoine Blavet et Jean Chassain. — Il y a deux prisons sans prisonnier ; — environ 600 communiants ; aucun huguenot, mais « un nommé Légier (ou Roger) Constantin, praticien, qui n'a reçu aucun sacrement il y a plus de dix ans, et un Antoine Ramonnet qui n'a fait son devoir de chrétien à cette fête de Pâques. Il y a un nommé Antoine Ramonnet qui tient une concubine publiquement, et René le Doulx, sergent royal, et Jehan des Vergnes qui ont chacun la sienne et de même valeur. (Cinq hommes, — pas davantage, — publiquement en faute au regard de la loi chrétienne !) — Deux régents enseignent, l'un le latin, et l'autre la sainte Ecriture.

Nous avons trouvé un reçu du 5 juillet 1670 ; il nous renseignera sur le casuel des curés de cette époque :

F. Antoine de Sarra a reçu la somme de 13 livres 10 sols, pour l'enterrement d'Anne Richard, veuve de Pierre Camus, son service de 7e jour et le paiement des sonneurs des grandes cloches, et 7 livres 10 sols, pour 30 messes de saint Grégoire le Grand à dire pour ladite défunte.

En 1676, Mgr Guillaume Le Boux, évêque de Périgueux, a appris qu'en 1674, après la mort de Guillaume Rougier, bourgeois de Brantôme, on a pris et enlevé plusieurs sommes d'or et d'argent très considérables, diverses obligations et quantité de bagues, joyaux et autres meubles, linge et vaisselle d'une notable valeur, appartenant à sa succession, au détriment de

François Rougier, s^r de la Coste, fils unique et héritier de Guillaume Rougier. Ce prélat mande à tous et à chacun des prêtres, abbés, prieurs, recteurs, curés et vicaires, d'avertir, sous peine d'excommunication, par trois dimanches prochains et consécutifs, aux prônes de leurs églises, « tous ceux et celles qui ont vu, sçu, connu, entendu dire ou aperçu aucune chose desdits faits... à le venir dire... dans trois jours après la 3e monition, à celui qui publiera les présentes. Autrement nous userons contre eux des censures ecclésiastiques, et selon la forme du droit nous nous servirons de la peine d'excommunication. »

François-Louis Le Prestre de Vauban, neveu du maréchal de Vauban, nommé en 1684, prit possession en 1690 et siégeait encore en 1714.

Les bâtiments du monastère avaient besoin de réparations et d'agrandissements. Le nouvel abbé fit construire la cuisine, le réfectoire et une autre salle.

A cette époque, les domaines de l'abbaye formaient quatre prévôtés :

1. La prévôté de Perduceix ; la chapelle de N.-D. de Perduceix se trouvait dans la commune de Bussac ;

2. La prévôté de Puy-Chambaud (Puy-Archambaud, d'après le texte latin), prieuré de la commune de Bourdeille ;

3. La prévôté de La Chapelle-Pommier, réunie à Champeau, du canton de Mareuil ;

4. La prévôté de La Chapelle-Montmoreau, dans le canton de Champagnac-de-Bélair (1).

Les *Visites épiscopales* (délégation), en 1688, nous apprennent que le sanctuaire et la nef de l'église paroissiale sont bien voûtés. Il y a 4 chapelles : l'une à Giry, lieutenant ; l'autre aux Galopin ; la 3e à Dudoignon ou Boulens ; la 4e aux Girard. On compte 9 bancs dans la nef, outre ceux des chapelles. Dans ces dernières et dans le sanctuaire, il y a des tombeaux ; celui du sieur Giry « fait ceste de 300 livres pour donner à un prédicateur. »

Le marché se tient devant l'église, dans le cimetière.

En 1692, Brantôme avait 282 feux (2) et 750 communiants, dont un tiers de pauvres mendiants. Son vicaire perpétuel Joussen recevait 300 livres du seigneur abbé. N'ayant pas de presbytère, il payait 20 livres de louage de maison, et ne jouissait que d'un « petit lopin de pré

(1) Notes du docteur Machenaud.

(2) D'après un état officiel de l'époque (Recensement imprimé des généralités de France), dit M. G. Bussière, ce chiffre doit être restreint à 171 feux. Mais un autre document publié par lui et se rapportant à l'année 1670 accuse à Brantôme 350 feux. La diminution de plus de la moitié de la population en 22 ans n'est guère vraisemblable. Nous pensons donc qu'il faut accepter les chiffres de Joussen.

dans la prairie nommée de Fosses, sur la paroisse de St-Pardoux-de-Feyx, appelé pré de la Cure, » que Jeanne Souvaneux avait donné en obit pour une grand'messe annuelle. C'était pour lui un revenu de 5 livres.

Le 18 mai de la même année, tirage au sort sous la halle, présidé par François Valbousquet et Jean Camus, syndics consuls de Brantôme, et le juge ordinaire de cette ville et juridiction, Etienne Joussen. 12 jeunes hommes sont appelés, suivant l'extrait que les syndics ont en mains ; 5 seulement sont présents et « offrent de tirer au billet, à la charge que lesdits syndics feraient tirer pour les absents. Sur quoi lesdits syndics auraient remis douze billets dans le chapeau de notre greffier (1) ; à suite de quoi on aurait fait tirer par rang. » Deux jeunes hommes seulement furent pris sur ces douze.

En 1693, Floranty, notaire royal, reçoit le testament de Guillaume Joussen, en présence de Charles Galoupin, maître apothicaire ; Antoine Barria-sou, maître cordonnier; Martial Chabrol, aussi maître cordonnier ; Jean Ranouilh, aussi maître apothicaire ; Georges Petit, fils de Geoufroict ; François Varalhou, clerc, et Raymond Rougier, clerc; tous habitants de Brantôme.

Dans ce testament, Guillaume Joussen lègue aux bénédictins de Brantôme 110 livres ou 10

____

(1) Cuginaud.

louis d'or de l'ancienne marque pour dire des messes à sa décharge ; 120 livres aux récollets de Thiviers pour prier Dieu pour le salut de son âme et de ses parents trépassés ; 150 livres pour bâtir un clocher à son église paroissiale ; 150 livres à son filleul et neveu Guillaume Joussen, fils de feu maître Etienne Joussen, juge de la présente ville, et de Marguerite Rougier, et le reste de son avoir à Marie et Jeanne Joussen, ses nièces, filles de maître Jean Joussen, avocat en la cour et juge de la présente ville, et de feu Catherine Galoupin.

Il fallut exploit du sergent royal Camus, à la requête de Jean-Baptiste Giry, sr du Claux-Boys, docteur en médecine, et de Jean Dudoignon, sieur de Verneuilh, fabriciens de l'église de Brantôme, pour faire délivrer par les deux héritières de Joussen le legs fait à l'église de Brantôme (28 août 1696).

Le 4 octobre 1694, par-devant Me Faure, notaire royal, acte de transaction au sujet de leurs droits respectifs, entre les bénédictins François Redon, prieur, Benoît Daurelles, sous-prieur, Mathieu Choumet, Jacques Maurandon, procureur syndic, André Alamargot, cellérier, Michel Villard, Pierre Peytard, Claude Rameyx, Antoine Le Roy, tous religieux prêtres du monastère de Brantôme, et messire Michel Mathieu, vicaire perpétuel de l'église et paroisse de Brantôme :

1. La qualité de curé primitif de l'église pa-

roissiale de Notre-Dame de Brantôme demeure aux religieux bénédictins ; les fonctions en seront remplies par le supérieur ou un autre religieux ; le sieur Mathieu et ses successeurs ne prendront d'autre qualité que celle de vicaire perpétuel, dans les actes qu'ils passeront avec les religieux ; ils prendront celle de curé à l'égard des paroissiens.

2. A Pâques, à la Pentecôte, à la Toussaint, à la Noël, à la Purification et à l'Assomption, les religieux ont le droit de faire tout l'office divin, de prêcher, de confesser, d'administrer la sainte Eucharistie. Le vicaire perpétuel devra y assister, aider à chanter, fournir ornements, luminaire, etc., et tenir libre le grand autel.

3. A la Purification, les religieux pourront aller processionnellement à l'église paroissiale pour y bénir solennellement les cierges. Le vicaire perpétuel ne recevra qu'après les religieux son cierge bénit, qu'il pourra garder. Le religieux officiant donnera l'offrande au peuple, mais ce qui en proviendra appartiendra au vicaire perpétuel.

4. Les religieux feront les processions accoutumées les jours de St-Marc, des Rogations, de l'Ascension, de la Fête-Dieu, de l'Assomption, des deux Saint-Sicaire (2 mai et 11 octobre), et celles qu'ordonnerait ou permettrait l'évêque de Périgueux pour des nécessités publiques. Le vicaire perpétuel devra y assister, — sauf le second et le troisième jour des Rogations, où il

ne sera tenu que d'envoyer sa croix. Il se joindra aux religieux à la sortie de leur église au bout du pont ; sa croix sera portée en tête, celle des religieux viendra ensuite ; le vicaire perpétuel marchera devant les religieux, et au retour il les reconduira, dans le même ordre, jusqu'au lieu où il les avait joints.

5. Au jour de l'octave de la fête du Saint-Sacrement, le vicaire perpétuel fera la procession et portera le Saint-Sacrement ; les religieux n'y assisteront pas. Il pourra faire la procession sans les religieux les jours suivants : la Trinité, N.-D. du Mont-Carmel, St-Roc, St-Jean Porte-Latine, St-Jean-Baptiste, St-Laurent.

6. Le mercredi des Rogations, les religieux célèbreront la grand'messe à l'église paroissiale.

7. Lorsque les religieux seront appelés au convoi d'une personne défunte, l'enterrement sera fait par les religieux dans leur église ; le vicaire perpétuel y assistera et se comportera comme aux processions. Le corps étant placé dans la nef, les religieux et le vicaire perpétuel se retireront dans le chœur pour y chanter la grand'messe, si c'est le matin, ou bien un nocturne de l'office des morts, si c'est l'après-dîner ou le soir. Pendant ce temps, le vicaire perpétuel se tiendra aux hautes chaises, après tous les religieux. Après l'office, les religieux conduiront le corps jusque hors la porte du pont-levis où le vicaire perpétuel le prendra, les religieux se retirant, et il achèvera les prières et l'enterrement.

8. Les offrandes d'argent faites aux cérémonies funèbres dans l'église des religieux leur appartiendront, et nullement au vicaire perpétuel, sauf à lui de donner, s'il veut, l'offrande dans l'église paroissiale.

9. Les cierges qu'on aura apportés de l'église des religieux et qui auront servi pour l'office, appartiendront au vicaire perpétuel, lorsque le corps sera enterré dans l'église ou le cimetière de la paroisse.

10. Aux enterrements et aux processions solennelles où assistera le vicaire perpétuel, il pourra, même dans l'église des religieux, porter son étole. Cette concession n'est pas valable pour le prêtre qui le remplacerait à ces diverses cérémonies ; il ne pourrait porter l'étole en présence des religieux.

11. Les prédications de l'avent et du carême seront faites par le prédicateur qui en aura la mission, savoir : dans l'église des religieux, les dimanches et fêtes, y compris le jour de Pâques et les jours de St-Benoît, de St-Joseph et du vendredi saint ; les autres jours ouvriers et le lundi de Pâques, dans l'église paroissiale, où le vicaire perpétuel donnera la bénédiction au prédicateur le premier lundi de l'avent et le premier jour de carême. Les dimanches et jours de fête, où les prédications se font à l'église des religieux, le supérieur ou son remplaçant donnera cette bénédiction.

S'il y a prédication à l'église paroissiale un

jour de dimanche ou de fête, elle s'y fera à une heure autre que celle de la prédication à l'église abbatiale. Et si, en dehors des quatre fêtes annuelles et du jour de la Purification tenant lieu du jour du patron de l'église paroissiale, quelque religieux bénédictin vient à prêcher dans cette église, du consentement ou à la prière du vicaire perpétuel, celui-ci ne lui donnera point la bénédiction, non plus qu'aux cinq fêtes ci-dessus énoncées.

12. Lorsque Mgr l'évêque de Périgueux aura envoyé quelque bulle de jubilé universel avec son mandement pour le publier, le vicaire devra s'entendre avec le prieur avant de rien annoncer à cet égard en l'église paroissiale.

13. Lorsqu'il faudra chanter le *Te Deum* en actions de grâces pour la prospérité des armes du roi ou autre sujet, les religieux le chanteront à leur église ; ce qui n'empêchera pas le vicaire perpétuel de le chanter dans son église paroissiale, mais pas à la même heure.

14. La bénédiction des pains, que le supérieur des religieux avait coutume de faire avec diacre et sous-diacre parés le jour de l'Ascension devant la porte de l'église paroissiale, est désormais supprimée comme inutile et improuvée par l'évêque de Périgueux.

Accordé entre les parties... en présence de Jean Bussière, maître perruquier, Georges Camus du Pontet, bourgeois et marchand, et Pierre Joussen, marchand cordonnier.

L'abbé Le Prestre fit saisir féodalement la baronnie de Bourdeille en 1694, puis en 1698, et la terre de Bourdeille fut vendue, à la suite d'un arrêt du 13 mai 1701, par lequel la cour déclare la perte des fruits de la baronnie de Bourdeille encourue depuis l'année 1694 jusqu'en l'année 1699 au profit de l'abbé de Brantôme. (Requête du procureur général d'Aguesseau, t. VI de ses œuvres.)

En 1697, Brouilhet, maire de Brantôme, a payé au bureau de la recette des décimes de Périgueux, 1254 livres 16 sous et 1 denier d'impositions ordinaires, don du roi et capitation, à la décharge de l'abbé de Brantôme, pour l'abbaye et les bénéfices qui en dépendent, savoir : 420 l. 7 s. pour l'abbaye ; 168 l. 15 s. pour le don du roi et capitation des pensionnaires ; 16 l. 7 s. pour la vicairie perpétuelle ; 23 l. 5 s. pour la cure de Saint-Pardoux-de-Feyx ; 294 l. 15 s. 9 d. pour le prieuré de Montagrier ; 131 l. 3 s. 6 d. pour le prieuré de Prunières ; 54 l. 14 s. 8 d. pour le prieuré de Puychambaud ; 88 l. 14 s. pour la prévôté de Perduceyx ; 19 l. 16 s. pour la cure de Quantilhac ; 25 l. 18 s. 2 d. pour le sacristain de Brantôme ; 10 liv. 19 s. 3 d. pour l'aumônier.

En 1698, payé 1390 livres.

En 1699, payé 590 livres pour le pacte de février.

En 1700, payé 1153 livres.

En 1701, payé 1445 livres.

En 1703, payé 911 livres pour le pacte de février.

En 1704, payé 1873 livres.

En 1699, la somme léguée à l'église par Guillaume Joussen a été employée et elle est payée à David Vidier, architecte, habitant du lieu de Vergalans, en la présente ville, et à Jean Delagarde, maître maçon, par Jacques Rougier, sieur des Landes, et Antoine Laforest, marchand, syndics fabriciens de l'église paroissiale de Brantôme ; laquelle somme ils avaient reçue, à savoir 75 livres de Jean Camus, mari de Jeanne Joussen, et 75 livres dudit Rougier, mari de Marie Joussen.

Etaient présents : Sicaire Devilard, Laisné, marchand et Alexis Bodin, greffier.

Le 22 février 1700, mort de Frizon, à Bordeaux. Léonard Frizon était né à Brantôme en 1628. A l'âge de 16 ans, il entra dans la compagnie de Jésus où il enseigna les humanités, devint régent de rhétorique et professa l'Ecriture sainte. Plus tard, maître des novices à Bordeaux, il s'attacha, malgré ses occupations, au culte des muses latines. On a de lui plusieurs ouvrages théologiques. Nous mentionnerons seulement ici son poëme sur le saint Suaire de Cadouin, parce qu'il est pour le Périgord d'un intérêt local (1).

Un manuscrit de la bibliothèque de la ville de

____

(1) Audierne, le *Périgord illustré*.

Bordeaux, renfermant les procès-verbaux des assemblées générales des bénédictins de 1618 à 1763, tenues le plus souvent à Saint-Martin de Tours, nous donne la liste des prieurs de l'abbaye de Brantôme, de 1636 à 1763 :

Marc Bastide (1636); Imbert Jamet (1639 et 1642); André Faye (1645) ; Gérald Pinet (1648 et 1651) ; Benoît Rabi (1654) ; Pierre Rabi (1657) ; Louis Jamet (1660); Placide Hamelin (1663 et 1666); Barthélemi de Nouhard (1669) ; Benoît-Rodolphe Cibelle (1672) ; Gabriel Bellordeau (1675); Pierre Treille (1678 et 1681) ; Gilbert de la Porte (1684 et 1687) ; François Redon, administrateur, Claude Estiennot, procureur général de la congrégation en curie romaine (1690) ; François Redon (1693) ; Gabriel Gérentes (1696 et 1699) ; Maure Marcland (1702 et 1705) ; François Chasal, administrateur (1708); Hugues Bergonoux (1711) ; Gilbert Maugenet 1714 et 1717); Jean-Paul du Sault (1720) ; Laurent Baubiat (1723) ; François Michelet (1726) ; Léonard Brunier (1729); Ambroise Arcis (1733) (1) ; Etienne Rechignac (1739 et 1742); Martial Croisier (1745 et 1748) ; François Puiaudran (1751) ; Pierre Carimantrand, administrateur (1754); Ambroise Arcis (1757); Antoine Durand (1760) ; Pierre Carimantrand (1763).

Prix Hay, nommé en 1717, mort en 1758.

(1) L'inscription de la grosse cloche dit qu'il était prieur en 1732.

ORIGINE DE L'HÔPITAL DE BRANTÔME.

Un acte du 3 février 1722, reçu par Devillard, notaire à Brantôme, porte que Mme Marie de Sainte-Aulaire, veuve du vicomte d'Aydie, seigneur de Vaugoubert, donne aux pauvres une métairie située au village de Tout-Blanc et une maison située à Brantôme, « désirant, dit-elle, seconder les pieux desseins de Mgr Pierre Clément, en son vivant évêque de Périgueux (1), dans l'établissement qu'il a fait d'une Miséricorde en la ville de Brantôme. »

On pense que Mgr Clément avait créé cette Miséricorde en y employant un legs considérable fait en 1693 par Etienne Joussen, habitant de Brantôme. Vers 1748, les libéralités de M. de Lacouture, médecin, demeurant à Chassenat, paroisse de Monsec, permettent d'annexer à l'hospice de Brantôme une école gratuite de filles. Par testament en date du 1er juillet 1732, cet homme charitable avait légué la majeure partie de ses biens pour établir et soutenir « une maison qui fournira par charité des bouillons aux pauvres, dans la ville de Brantôme..., deux écoles chrétiennes et gratuites pour les pauvres garçons et les petites filles pauvres... »

D'autre part, un bourgeois de Brantôme, Jean Flament, à la date du 15 juin 1755, avait légué aux pauvres de l'hospice sa maison, son jardin

______

(1) de 1703 à 1719.

et ses terres, le tout évalué à la somme de 10.000 fr.

L'établissement fut dirigé jusqu'en 1730 par les dames de la foi, déjà depuis longtemps établies à Brantôme. A cette époque, sœur Marie Rambeau, autorisée par Mgr l'évêque de Périgueux, renonce à la congrégation des dames de la foi pour se faire l'humble servante des pauvres de la Miséricorde, et fonder une communauté indépendante dont les religieuses prendraient le nom de *Sœurs de charité*.

« Les commencements de son administration furent des plus laborieux. La maison qui, jusqu'à ce jour, avait servi aux pauvres de la Miséricorde et devait recevoir les nouvelles religieuses, était insuffisante ; et, d'ailleurs, elle tombait en ruine. Il fallait la reconstruire sur de nouvelles bases et sur un plan qui permît d'y loger les pauvres et les sœurs de la nouvelle communauté. C'était une œuvre importante, bien digne du zèle de la première supérieure, Marie Rambeau. Elle l'entreprit et mena à bonne fin, autorisée par Mgr l'évêque de Périgueux, et aidée du concours efficace de l'administration civile de l'hospice. Les frais furent couverts, partie avec les fonds que M. de Lacouture avait donnés par son testament, partie avec le produit d'une souscription et un don de 4.000 francs fait par l'abbé de Brantôme. Mme de Montozon, supérieure des dames de la foi, avait donné une partie de l'emplacement.

» L'œuvre achevée, la sœur Marie Rambeau se trouva épuisée par tant de travaux et comprit qu'elle ne pouvait plus suffire seule aux besoins des malades, considérablement augmentés par le passage des troupes du roi. Elle eut recours à ses anciennes compagnes, les dames de la foi, qui lui donnèrent pour coadjutrice Jeanne Rambeau, sa sœur.

» De ces deux sœurs, Marie étant morte peu de temps après, Jeanne lui succéda, élue supérieure par la commission administrative de l'hospice. Alors, les dames de la foi, voulant continuer leur bienveillance envers la nouvelle communauté encore à son berceau, envoyèrent, pour remplacer Marie Rambeau, la sœur Géfard, qui ne tarda pas à être supérieure et de l'hospice et de la communauté. Elle fut le dernier sujet que le couvent des dames de la foi donna au couvent des sœurs de charité.

» La nouvelle supérieure, la mère Géfard, se préoccupa avant tout de procurer à sa communauté le moyen de se suffire à elle-même ; elle ouvrit un noviciat pour les jeunes personnes désireuses de consacrer leur vie à Dieu et au service des pauvres. Les sœurs Projet et de Croisant y furent les premières reçues et les premières y prononcèrent les vœux de chasteté et de stabilité au service des pauvres.

» Quoique constituées en communauté et formant une maison-mère, les sœurs de charité de Brantôme restèrent sans règle spéciale jusqu'en

1784. Par une ordonnance du 1er juillet de cette année, Mgr de Flammarens, alors évêque de Périgueux, approuva les statuts et règlements qu'elles lui présentèrent, et qui, dès ce moment, devinrent obligatoires. Ce fut aussi ce prélat qui les autorisa à avoir une chapelle et leur donna les fonds pour la bâtir.

» A l'époque de la grande Révolution, nos chères sœurs furent soumises à de bien rudes épreuves : elles les supportèrent avec le courage que donnent toujours la foi et l'amour du devoir porté jusqu'au sacrifice de soi-même. La mère Géfard fut mise en réclusion. Les deux sœurs Projet et de Croisant, qui furent successivement supérieures, voulurent rester à leur poste pendant tout le temps de la tourmente révolutionnaire, alors qu'elles ne le pouvaient qu'au péril même de leur vie. On ne saurait dire les mille vexations, les cruelles épreuves, les humiliations pénibles qu'elles eurent à souffrir de la part des révolutionnaires. Tout fut mis en œuvre pour les forcer à abandonner le pieux asile de la charité. Elles résistèrent courageusement à tout. Souvent elles furent obligées d'aller tendre la main pour pourvoir à leurs besoins et à ceux de leurs pauvres malades ; mais, malgré les privations imposées par la plus extrême misère, elles restèrent fidèles à leur poste ; il leur était doux de souffrir, pourvu que les membres souffrants de Jésus-Christ fussent soulagés.

» Il leur restait à subir la plus cruelle des épreuves ; elles en seraient mortes de douleur, si Dieu n'avait voulu conserver ces deux fidèles servantes pour d'autres œuvres. Il leur fallut voir le saint ciboire arraché du tabernacle par des mains sacrilèges, et les saintes espèces jetées sur le pavé du lieu saint et foulées aux pieds par des impies scélérats... Mais tirons le rideau sur cette scène odieuse ; un tableau des plus touchants appelle nos regards.

» Cette petite communauté, si intéressante par les vertus héroïques de ses membres, avait une servante modèle de fidélité et des plus vertueuses ; son nom était Anna Viroulaud. Elle ne voulut jamais se séparer de ses chères maîtresses, malgré les précieux avantages qu'on lui offrait ailleurs. Un jour, une personne haut placée lui disait : « Mais enfin, Anna, vous n'êtes pas liée à l'hôpital par des liens indissolubles ! vos privations, vos souffrances, me navrent le cœur. Quittez vos sœurs, venez chez moi ; je vous traiterai, non pas comme une servante, mais comme ma fille. — Moi, répondit-elle, quitter nos sœurs ? jamais, non, jamais ! Avec la grâce de Dieu, je vivrai de leur vie, je mourrai de leur mort. »

» Dieu daigna réaliser ses désirs et récompenser sa fidélité en l'appelant à la vie religieuse. Elle mourut sœur converse le 12 mars 1850, regrettée de ses compagnes qu'elle avait édifiées par ses vertus et éclairées de ses sages conseils, douée qu'elle était de la science des saints.

» Dès que l'orage révolutionnaire fut dissipé et le calme rétabli, les sœurs de charité commencèrent à se recruter de nouveau, et la première qui fit ses vœux fut la sœur Jourdes. Elle dirigea l'hospice jusqu'en 1859.

» Nous arrivons à l'époque de la réunion des communautés diocésaines en une seule congrégation. Celle de Brantôme se composait alors de cinq religieuses qui, déjà depuis longtemps, avaient manifesté le désir de s'agréger aux sœurs de sainte Marthe de Périgueux... La sœur Jourdes resta supérieure ; mais, ayant donné sa démission en 1859, elle fut remplacée par sœur Latour, qui s'était élevée et formée sous sa direction.

» Peu de jours après, une des sœurs étant morte, elles se trouvèrent réduites à quatre, nombre insuffisant pour les œuvres qui leur incombaient : soigner les pauvres malades de l'hospice, diriger une nombreuse classe gratuite, distribuer à domicile aux pauvres qui ne pouvaient être reçus à l'hospice les ressources mises à leur disposition par le bureau de bienfaisance. Le conseil municipal le comprit, et, dans sa séance du 4 août 1860, il exprima le vœu qu'une sœur supplémentaire fût envoyée ; et, considérant que les ressources de l'hospice ne lui permettaient pas de faire, à ce sujet, les dépenses obligées, il vota à l'unanimité une somme de 150 francs pour les frais de vestiaire et d'entretien de la cinquième sœur.

» D'autre part, après la mort de sœur Jourdes, ancienne supérieure, la commission de l'hospice, par délibération du 28 septembre 1862, demanda une nouvelle sœur et lui alloua une somme de 150 francs (1). »

Outre les bienfaiteurs déjà nommés, un tableau qui occupe la place d'honneur dans le parloir de l'hôpital, désigne à la reconnaissance des pauvres de Brantôme les personnes suivantes :

M. Dubreuil Pijourmont : rente de 12 livres, 9 novembre 1780.

Antoine Faure : rente de 5 livres, 10 mars 1784.

Mme Dudoignon-Valade : un calice et un ostensoir en argent.

Sœur Profit et sœur Croizan : (on ignore la nature et la date de leurs donations).

M. Monsalard : 1.200 livres.

Mme Bagouet : rente de 15 livres.

Mme Lafon : (on ignore la nature et la date du don).

M. Aubin Boulouneix : 400 livres, pour du linge.

Catherine Dubreuil : 1.000 livres, 26 janvier 1792.

Jean Bézenat : 1.200 livres, 23 septembre 1801.

M. Pierre Coulombeix : maison et meubles estimés 1.200 livres, 9 novembre 1802.

(1) *Origines Chrét. des hôpitaux*, par A.-B. Pergot, curé-doyen de Terrasson, pp. 155-163.

M. Morin Lafon Closset : rente de 10 livres, 26 octobre 1806.

Pierre Chevauchaud : rente de 10 livres, 31 août 1808.

Marguerite Joussen : 400 fr., 10 février 1809.

Antoine Dupeyroux : rente de 50 fr., 28 octobre 1812.

Marie Rouyer : 1.200 fr., 9 octobre 1814.

Mme Françoise Dudoignon : 300 fr., 22 juin 1817.

Mme Milet, née Versaveaud : 150 fr. de rente, 4 décembre 1817.

Mlle Fournier-Lacharmie : 300 fr., 1er juillet 1824.

Catherine Dumas : rente de 25 fr., 21 mai 1827.

Léonard Barbier : rente de 30 fr. au capital de 600 fr., 27 septembre 1831.

M. Lafon : 130 fr., 6 novembre 1835.

Mme Bagouet : rente de 15 fr. (date ignorée).

Martin Joussen de Puyjoubert : 45 fr. de rente, 5 janvier 1837.

Anne Balan, veuve Rougier : 400 fr., 17 avril 1838.

Pierre Guillomot : 300 fr., 17 avril 1839.

Anne Courseau : 300 fr., 10 mai 1847.

Mme de Salignac-Fénelon : 400 fr., 10 fév. 1847.

Mme veuve Laforest : 100 fr., 13 février 1848.

Mme Etienne Latour : 200 fr., 2 août 1849.

M. Dudoignon-Valade : 400 fr. 24 avril 1852.

Marie Delphine Labarrière : 2.000 fr., 24 février 1859.

M. Barthélemy Manet, curé de Brantôme : 1.000 fr., 5 mai 1859.

Mme Anne Saunier de Puychambeau, veuve Delage : 32 lits en fer et 20 couvertures, 21 juin 1862.

Mme François Latronche : 100 fr., 1er février 1863.

Jean-Baptiste Camus-Duvigneaud ; 600 fr., février 1864.

Mme Catherine Leyraud : 1.000 fr., 19 janvier 1867.

Mme veuve Rigaudie. Par son testament du 11 juin 1873, elle donne et lègue à l'hospice de Brantôme presque tout son avoir, (1) « à la charge de l'affecter à fonder à Brantôme et comme dépendant du local actuel de l'hospice, si cela est possible, une salle d'asile et une école de filles payantes, et pensionnat, si les ressources le permettent, dirigés par les religieuses, et que le bénéfice revienne à l'hospice de Brantôme. »

M. Fr. Gérault-Lataille : 1.000 fr., 21 octobre 1887.

Mme Delphine Loiseau, veuve Caminade : 1.000 francs, 18 février 1891.

Louis-Augustin Bertin, conseiller-clerc au parlement de Bordeaux (1758) ; dernier abbé.

Un calendrier de 1758 nous apprend que l'abbaye de Brantôme était alors taxée en cour de Rome 400 florins ; son revenu s'élevait à 3.600 livres. Comme importance, elle avait le pas sur

______

(1) Ce legs a fourni 24.000 fr. (Rapport de M. le maire de Brantôme, avril 1884.)

celles « de Boschaud, de Chastres, de la Peyrouse,
de St-Astier, de Tourtoirac et de Terrasson. »

C'est surtout aux Messieurs de Bertin que le
monastère de Brantôme doit ses améliorations
et embellissements. Ils firent élever cette ma-
jestueuse terrasse qui, en bordant la rivière,
longe aussi toute la façade du monument ; ils
construisirent sa belle porte d'entrée, la porte
latérale de l'église et les sacristies. Enfin, ren-
versant le vieux château des abbés, ils y sub-
stituèrent cette élégante habitation qui, commencée en 1745, après un siècle d'attente, est restée
inachevée jusqu'à la transformation de l'abbaye
en hôtel de ville et palais scolaires (1).

Notons, à l'honneur de la famille de Bertin,
qu'en 1771, Mlle Marguerite de Bertin, sœur du
contrôleur général des finances, introduisit en
Périgord la culture de la pomme de terre.

A la suite de l'inondation du 6 mars 1783,
placet de la communauté des habitants de Brantôme à Mgr le comte de Vergennes.

Nous donnons in-extenso leur requête, la réponse des religieux et la réplique ou observations
des habitants de Brantôme sur les réponses des
religieux :

Monseigneur,

1. PLACET. Les consuls et habitants de la ville
de Brantôme en Périgord, prévenus de votre

(1) Ici le mot est juste ; les écoles de Brantôme sont sans
contredit les plus belles du département.

bonté à écouter, et de cette justice que vous rendez à tous sans acception de personnes, prennent la liberté de porter aux pieds de votre Grandeur le tableau du danger auquel et contre toute attente ils ont eu le bonheur d'échapper le 6 du mois de mars dernier et de celui qu'ils auraient encore plus à redouter dans l'avenir, si une main propice et bienfaisante ne venait à leur secours.

Réponse. Le nombre des habitants de Brantôme s'élève à 2.000, et l'on n'en voit que 18 qui s'appuient de leur signature et qui se croient faits pour les représenter et les jeter dans des embarras, dans un procès, sans avoir obtenu leur consentement préalable nécessaire. Ceci sent bien la menée, la cabale. Est-il possible que la commune de Brantôme, où il ne manque pas de personnes honnêtes et estimables, ait fait choix pour ses plus dignes représentants des ..., des ... (1), des Rabier, des Guilhoumot, des Nadaud, des Granger ?

Réplique. Les 18 signataires du placet forment la majeure des principaux et notables de la ville de Brantôme, et du nombre des 8 dont MM. les bénédictins critiquent et l'état et le poids, sont un consul en charge, deux notaires royaux, un au sceau de M. de Bertin, coseigneur, un bourgeois, un notable et deux négociants.

2. Placet. Cette petite ville, que traverse la

____

(1) Nous avons supprimé deux noms.

route d'Angoulême à Périgueux et qui est celle
des troupes et de la messagerie royale, a environ 2.000 habitants et est située au confluent de
la rivière de Dronne, qui se divise en deux branches dans la partie orientale de ladite ville, coule
le long de ses murs au nord et au midi, et va se
réunir au couchant, de sorte qu'elle en forme
une île, dont deux ponts et deux portes facilitaient seuls l'entrée et la sortie.

Réponse. Cette topographie est assez juste ;
mais, encore une fois, de 2.000 habitants, je
n'en vois que 18 sans autorisation.

Réplique. On a déjà dit que les signataires du
placet forment la majeure des principaux et notables de Brantôme, et cela seul autorise suffisamment leur démarche.

3. Placet. A côté de cette ville et au couchant
d'icelle, la rivière entre-deux, est une maison de
bénédictins, congrégation de St-Maur. Un peu
plus loin et sur le même alignement, était autrefois le château abbatial, dont dépendait un vaste
et spacieux jardin fermé de hautes murailles en
moellon, auquel on passait dudit jardin par un
pont à 7 arcades, et comme on y passe encore
aujourd'hui de la maison desdits sieurs religieux bénédictins, devenus propriétaires du château et dudit jardin, par l'acquisition qu'ils en
firent du seigneur abbé en 1742.

Réponse. Cette maison des bénédictins est une
abbaye fondée dans le viii⁰ siècle par Charlemagne. La ville de Brantôme, qui est dans sa dé-

pendance, s'est formée, comme plusieurs autres villes de France, à l'occasion et par les travaux et défrichements des anciens religieux. Ce jardin que l'on appelle vaste, consiste en trois arpents et demi. Ses murailles, que l'on dit si hautes, ont 7 pieds environ, y compris la couverture, du moins pour la majeure partie ; le côté qui regarde le nord est à l'opposé de la ville et est bâti de temps immémorial en pierre de taille et moitié en moellon. Tout le côté vers le couchant est en parpaing de huit à neuf pouces d'épaisseur. Le reste est en moellon, lié avec un mortier de terre. Le pont qui conduit de la maison à ce jardin a 10 arcades. Ainsi, l'exposé n'est pas tout à fait exact.

Ce terrain est en nature et culture de jardin depuis environ 400 ans. L'ancienneté du château, dont il avait toujours dépendu, et celle du pont, qui a été fait uniquement pour y conduire, prouvent l'antiquité de cette possession comme jardin et environné de murailles. Les débordements les plus furieux n'ont jamais causé la chute de la plus petite maison de Brantôme. C'est un fait contre lequel on ne saurait produire aucun renseignement.

RÉPLIQUE. Il importe peu au fait dont il s'agit à quelles circonstances Brantôme doit son origine. Ce jardin a au moins trois journaux d'étendue, c'est-à-dire qu'il représente une surface de plus de 3.000 toises carrées. La partie qui subsiste de l'ancienne muraille au nord, de même que celles au midi et au couchant, a 11 pieds de haut, y compris la couverture, et la partie de la même muraille, réparée au nord, et toutes celles au levant ont 9 pieds, y compris la couverture. Le pont a, en effet, 10 arcades. Les 7 premières sont disposées pour recevoir les eaux de la branche de la rivière qui coule du nord au midi ; les 3 autres, qui ont 8 pieds d'élévation, ont leur direction pour recevoir celles de la branche qui coule du levant au couchant, et sont presque entièrement interceptées et rendues inutiles par l'exhaussement successif qu'a eu le pré qui borde ledit jardin au nord, et qui a, vis-à-vis lesdites 3 arcades, 6 pieds et demi de hauteur. — On ne conteste pas à MM. les bénédictins la possession dudit jardin et que ce jardin soit environné de murailles. Ce n'est pas là le grief des habitants de Brantôme : c'est uniquement la force supérieure qu'on leur a donnée dans leur reconstruction. Les débordements antérieurs n'ont causé, il est vrai, la chute d'aucune maison, parce que les murailles dudit jardin, dans leur ancienne forme, avaient toujours cédé au moindre choc des flots, et que les eaux, trouvant alors un libre et vaste passage, se retiraient aussitôt de la ville... au lieu que leur nouvelle forme les rend, aujourd'hui, inexpugnables à la masse la plus énorme des eaux.

3 (*bis*). Placet. Les sieurs bénédictins savaient, par tradition, que les murailles de ce jardin cédaient facilement aux impulsions de la rivière

dans les débordements qui sont fréquents, et que la ville avait dû plusieurs fois son salut à leur chute, notamment ez années 1661 et 1688, et tout récemment encore, lors, en 1735, le 20 janvier, que les eaux s'élevèrent au point qu'elles auraient porté bateau dans la majeure partie des rues, et qu'el'es ne cessèrent de s'élever et ne commencèrent à se retirer qu'au moment où lesdites murailles croulèrent et furent emportées par les courants. Cependant, à peine se virent-ils propriétaires de ce jardin, qu'ils portèrent leur soin à fortifier lesdites murailles par des redoutes qu'ils y firent adosser, à très peu de distance les unes des autres.

RÉPONSE. Les RR. Pères bénédictins n'ont jamais ignoré que des murs de jardin, quelque solidement bâtis qu'ils soient, à moins qu'ils ne fussent terrassés, ne pourraient opposer une résistance insurmontable à des courants rapides et violents qui se forment au moment des crues extraordinaires, dans un lit étroit et embarrassé, tel que celui qui commence à la pointe orientale de la ville et l'entoure du côté du midi jusqu'à l'angle du cimetière. Dans ce canal, l'on voit des masses considérables d'une ancienne levée ou tertre formé par les fossés de la ville. C'est sur ces masses dont une partie a été emportée par la dernière inondation que les exposants auraient dû faire des observations, bien plus justes que sur nos murs.

Les exposants prétendent devoir leur salut à

la chute de nos murailles dans tous les cas d'inondation. Rien de plus mal vu, assurément. Des trois époques qu'ils citent, je m'arrête à la dernière, de 1735, le 20 janvier. Les eaux, selon les exposants, s'élevèrent alors dans la ville jusqu'à porter bateau et ne cessèrent de s'élever et ne commencèrent à se retirer qu'au moment où nos murailles furent emportées par les courants. On sent aisément la conséquence qu'ils veulent que l'on tire de ce fait, vrai ou supposé ; mais elle deviendra nulle et s'évanouira bien vite en rapprochant ce qui s'est passé le 6 mars dernier.

Réplique. C'est aussi d'après cette connaissance et pour prévenir la chute ultérieure desdites murailles que MM. les bénédictins, au lieu de les relever en moellon lié avec du mortier de terre, comme elles avaient toujours été, pour leur donner une solidité qu'elles n'avaient plus eue, les ont construites en pierre de taille avec chaux et sable, à 5 pieds de fondement sur 4 1/2 d'épaisseur et liées d'assise en assise par des pièces qui traversent la muraille dans toute sa largeur, de sorte que ces mêmes murailles présentent aujourd'hui une résistance insurmontable aux courants les plus furieux : les eaux seront forcées de s'élever davantage dans la ville, d'y séjourner plus longtemps, de miner les fondements des maisons et d'en entraîner la ruine.

C'est un fait certain et généralement connu dans le pays, que dans tous les cas d'inondation un

peu forte, notamment en 1735 et encore en 1748,
le 29 de juin, autre époque récente que les exposants avaient omis de citer, les murs du jardin de MM. les bénédictins avaient toujours été
emportés, et que, dès lors, les eaux se retiraient
de la ville ; et il est également de fait attesté par
une foule de gens qui avaient accouru du voisinage sur la côte qui domine la ville au couchant,
et qui étaient mieux à portée de le voir que les
malheureux habitants bloqués dans leurs maisons, que le 6 mars dernier il n'y eut, quoique
en disent MM. les bénédictins, que partie desdits murs au nord et au levant qui fut emportée
vers les 2 heures, et que celles au midi et au
couchant résistèrent jusqu'à 6 heures, et qu'au
moment de leur chute, les eaux trouvant alors
un passage libre et vaste, commencèrent aussitôt à baisser et se retirer sensiblement de la
ville.

4. Placet. Les murailles de ce jardin ne mé-
ritèrent pas seules l'attention de ces messieurs.
Le long et au nord dudit jardin, qui n'est éloi-
gné de la ville que d'environ 30 brasses au plus,
le terrain avait toujours été sans défense, les
courants pouvaient l'emporter : ces messieurs,
pour prévenir cette perte, flanquèrent la pointe
orientale de ce terrain d'une forte muraille à
hauteur d'appui en pierre de taille et d'une épaisseur de trois pieds et demi, de sorte que la rivière, dans cette partie et depuis cette opération,
portant nécessairement par le reflux du côté de

la rivière, a sensiblement laissé une alluvion si considérable audit terrain, qu'au lieu de 3 brasses de largeur qu'il avait il y a 40 ans, il en a aujourd'hui 20, et que le lit de la rivière s'étant rétréci en proportion, se trouve réduit à 3 brasses, de manière que l'eau, n'ayant plus dans cette partie un courant assez libre et assez large, est forcée de s'élever à la moindre crue de la rivière et se répandre dans la ville.

Réponse. — Les murs de notre jardin furent emportés entre une et deux heures après midi, et les eaux augmentèrent, après leur chute, de près de 2 pieds jusqu'à 6 heures du soir. C'est un fait indubitable sur lequel j'atteste tous les habitants de Brantôme. Les exposants se sont bien gardés de le citer dans leur requête ; ils ont senti la contradiction des deux faits, et que, près de celui-ci, le fait de 1735 n'était point concluant. Ce que l'on peut dire de ce dernier, s'il est vrai, c'est que nos murs tombèrent à l'instant du plus haut période de la crue des eaux qui, parvenues à ce point, baissèrent enfin et se seraient écoulées indépendamment de la chute de nos murs ; mais le fait du 6 mars dernier porte la conviction au plus haut degré et prouve seul que la requête entière n'est qu'une vaine déclamation ; car, voici un raisonnement tout simple : MM. les exposants prétendent que la ville de Brantôme n'est inondée que parce que les murs de notre jardin y font refluer et y retiennent les eaux ; et par le fait du 6 mars dernier, il est démontré que, nos murs tombant, les eaux ne s'écoulent point, mais augmentent au contraire de 2 pieds pendant plus de 4 heures après leur chute. Donc, la prétention des exposants est fausse et leur plus grand argument tombe avec leur requête.

Au reste, les murs contre lesquels on se heurte, on se rue, peuvent-ils, par leur position, jeter et faire refluer une aussi grande quantité d'eau dans ladite ville que se l'imaginent les exposants? Examinons cette question de sang-froid.

Il y a deux débouchés assez considérables par deux côtés de notre jardin, l'un à l'orient, l'autre au couchant. Le premier est un terrain d'environ 15 toises de largeur sur lequel, à la moindre crue, les eaux débouchent dans une vaste prairie. Le second est un pont à 10 arcades, la plupart d'une grande ouverture ; les murailles de notre jardin regardant la ville sont à la distance des murs de ladite ville, d'un côté de 30 toises, et de l'autre de 45.

Voilà, ce me semble, un espace passablement grand pour la rivière qui y coule sur une largeur de 7 à 8 toises ; le sol sur lequel posent les murs de notre jardin est au moins de 5 pieds au-dessous du niveau moyen de celui de la ville de Brantôme, dont le plus haut niveau est de 7 pieds 1/2 au-dessus de celui de notre jardin. Or, nos murs ayant 7 pieds de haut environ, ne peuvent surpasser ce moyen niveau que de 2 pieds, et leur hauteur est nulle relativement au plus haut, d'après ces observations qui sont exactes. Il est aisé de juger du degré de résistance que les murailles de notre jardin peuvent opposer au cours des eaux dans les inondations. On doit le regarder comme nul.

MM. les exposants ont le coup d'œil aussi peu juste que le raisonnement. C'est un défaut d'organisation. Je ne leur en veux pas de mal, mais je ne voudrais pas en être dupe.

Notre jardin est un carré long, qui s'étend du nord au sud. Le côté qui se présente le premier, regardant les murs de la ville, a 42 toises de longueur. Tout le long de ce mur est un pré qui, dans sa pointe orientale, a environ 3 ou 4 toises de large et va, vis-à-vis le couchant, toujours en augmentant jusqu'à la largeur de 22 toises. Est-ce un atterrissement, une alluvion, ou non? Peu importe. Ce qu'il y a de certain, c'est qu'au cas que ce soit une alluvion, elle n'est pas aussi récente que le prétendent les exposants. Ils ne sauraient assigner aucune époque où ce terrain n'a pas été en nature de pré et d'un sol très solide. Il nous a été cédé, il y a 43 ans, tel qu'il est et que nos abbés l'avaient possédé de temps immémorial. Le petit mur que l'on avait fait faire était uniquement bâti pour éviter que ce pré ne fût sablé, et non pour l'agrandir. Le mur étant aujourd'hui démoli jusqu'aux fondements, le pré, abandonné à jamais au gré des eaux, ne peut que s'exhausser et non pas être emporté, parce qu'il est d'un sol aussi ferme que les prairies au-dessous, et qu'il est gardé par le pont qui conduit à notre jardin.

Mais, au reste, à supposer que le pré se soit accru au point qu'il est depuis 40 ans, peut-on raisonnablement avancer qu'il fait refluer les eaux dans ladite ville, puisqu'il est inférieur de 7 pieds 1/2 au plus haut niveau de la ville, d'environ 5 au moyen niveau, et de 3 ou 4 au plus bas niveau ? Comment un terrain peut-il être une digue à rejeter les eaux sur une surface qui le commande ? Plaise aux exposants à résoudre ce problème : ils ont tant de réponses dans l'esprit !

Au surplus, quand nous voudrions conserver ce pré, comme une propriété incontestable, dont M. l'abbé Bertin nous est garant pour lui et ses prédécesseurs, nous serions maîtres de le défendre contre les eaux de la manière que nous jugerions la plus convenable, d'après ce principe, que celui qui est maître d'un sol peut y élever des murs aussi hauts qu'il l'entend ; mais notre projet est d'en tirer de la terre pour servir de remblai à notre jardin. Je le regarde comme un terrain perdu quant au rapport. Je n'en ai parlé en détail que pour montrer qu'il est impossible que ce pré rejette les eaux dans la ville, dès lors qu'il lui est de beaucoup inférieur. C'est ici la fable du loup et de l'agneau.

Réplique. Le premier débouché auquel MM. les bénédictins donnent 15 toises de largeur, est un espace de 48 pieds entre le pré d'un particulier, plus élevé que le lit de la rivière au moins de 5 pieds, et le jardin desdits bénédictins.

On a déjà observé sur l'article 3e des réponses de MM. les bénédictins que les 7 premières arcades du pont dont s'agit, sont uniquement disposées pour recevoir les eaux de la branche de la rivière qui coulent du nord au midi, et on ajoutera seulement que par leur direction elles ne peuvent jamais recevoir celles qui coulent du levant au couchant, et que les 3 dernières arcades, qui n'ont que 8 pieds d'élévation et qui avaient été pratiquées pour recevoir les eaux de la branche qui coule du levant au couchant, sont interceptées et rendues inutiles par le pré qui borde le jardin au nord et qui a, vis-à-vis lesdites 3 arcades, six pieds et demi de hauteur.

Il n'est pas de niveau plus juste que celui de la hauteur de l'eau dans l'intérieur de la ville et au dehors. Et c'est un fait certain que l'eau s'est élevée dans partie de la ville à 7 pieds, et ne s'est élevée hors et vis-à-vis le jardin de MM. les bénédictins, à partir du sol du pré qui le borde, que de 6 pieds 2 pouces ; ce qui n'en met, par conséquent, le niveau qu'à environ un pied au-dessous (1) de celui de la ville, et non pas de 5 et de 7 pieds.

Ce serait abuser du temps précieux du ministre respectable dont nous implorons l'autorité et la justice, que de répondre à ce sarcasme.

____

(1) Si le fait est exact, c'est *un pied au-dessus* qu'il faut dire.

Il résulte de là que ce jardin et ce pré, beaucoup plus élevés que le lit de la rivière, et qui ne sont qu'à 26 toises du pont emporté, présentent presque aussitôt aux courants un obstacle de 42 toises de long et une surface de 4 à 22 de large.

On a exposé dans le placet que ce pré s'était beaucoup accru et exhaussé par l'alluvion, depuis l'acquisition de MM. les bénédictins ; et le fait est vrai.

Ce pré se trouvant plus élevé de 6 pieds 1/2 que le lit de la rivière, vis-à-vis les 3 dernières arcades du pont, doit, en bonne physique, forcer les eaux à s'élever et, par conséquent, refluer. On a déjà observé que le niveau de ce pré n'est qu'à environ un pied au-dessous de celui de la ville.

M. l'abbé Bertin ne peut être garant que de son fait, et nullement de ce qu'exige le bien public et la conservation d'une ville et de ses habitants.

Cette liberté ne peut être exercée qu'autant que le public ne peut pas en souffrir.

Placet. Nos pères, Monseigneur, ne virent pas sans frémir toutes ces innovations ; ils en prévirent toutes les suites funestes ; ils n'osèrent cependant pas élever la voix de l'opposition. Tous censitaires de ces Messieurs, ils craignaient leur ressentiment ; ils se contentèrent d'en gémir en secret, et nous avons failli être la victime de leur silence, le 6 mars dernier, jour auquel il y a eu une inondation si forte qu'il n'y en a point d'exemple antérieur.

En 1661 et 1688, les ponts furent emportés par la violence des courants, mais ils étaient lors en bois. Reconstruits en pierre, ils résistèrent à la grande inondation de 1735. Et le 6 mars dernier, celui de communication de cette ville à celle de Périgueux, appelé de Porterivière, nouvellement réparé et très solide, a été détruit jusque dans ses fondements. Les eaux s'élevèrent si haut dans tous les quartiers de la ville, qu'elle ne fut jamais dans un danger si imminent. Chaque individu crut voir le dernier jour de sa vie, et tel aurait été son sort, si les murailles dudit jardin avaient résisté plus longtemps ; mais elles plièrent enfin et cédèrent aux secousses des flots, et malgré leurs fortifications, elles tombèrent de toutes parts. Dès lors les eaux, trouvant un cours plus libre et plus large, cessèrent de s'élever dans la ville et ne commencèrent à se retirer et baisser qu'après 4 heures d'équilibre, tant leur masse était énorme.

RÉPONSE. *Leurs pères valaient mieux qu'eux ; ils étaient pleins de bon sens. C'étaient des gens de bonne foi,* qui savaient respecter les propriétés. C'est pourquoi ils n'élevèrent pas la voix de l'opposition ; mais non pas qu'ils fussent retenus par un vil motif d'intérêt dont leurs enfants osent flétrir leur mémoire. Ces honnêtes gens étaient reconnaissants à la manière douce et indulgente avec laquelle nous n'avons cessé de percevoir nos rentes et nos droits de lots et ventes. Leurs enfants, qui n'ont pas moins besoin de la même indulgence, en profitent tous les jours, sans nous payer des mêmes sentiments. Ils gémiraient, leurs pères, s'ils vivaient, non sur nos murs, mais sur ceux de la ville si mal entretenus et tombant en ruine dans les endroits importants, par où à l'avenir les courants déboucheront directement au milieu de la ville et pourraient, dans leur furie, l'entraîner avec eux. Voilà des objets dignes d'un vrai citoyen, mais l'esprit de mesquinerie est-il capable de sacrifices généreux ? *Je connais assez les dix-huit exposants pour ne pas craindre d'avancer qu'ils ne donneraient pas un sol pour une truellée de mortier, quand même ils verraient tomber tous les murs de la ville.*

Les exposants ont vu dans leur cerveau, échauffé et exalté par les vapeurs d'une passion qu'il est aisé de deviner, des fortifications où il n'y en avait pas. La moitié du mur renversé du coté de la ville était bâti, partie en pierre de taille, et partie en moellon de deux pieds d'épaisseur, et l'autre moitié en moellon lié avec un mortier de terre et appuyé de quelques piliers battants de 3 pieds de largeur sur 2 et 1/2 d'épaisseur à la base, laquelle épaisseur allait se perdant au haut du mur de 6 ou 7 pieds, et dans l'angle formé par les deux moitiés de muraille était une petite tourelle qui servait d'abri au jardinier pour y serrer ses outils. Tout cela ne mérite pas, je pense, d'être appelé des fortifications.

Par une suite de cette passion qui les agite et les soulève contre leurs seigneurs, qui ne leur ont jamais fait que du bien, ils dissimulent ce fait dont j'ai parlé ci-dessus, répondant au 4ᵉ article de la requête. Il faut que j'y revienne. Nos murailles furent rompues entre une ou deux heures après midi, comme le pont qui est à 30 toises au-dessus l'avait été à 9 heures du matin, les eaux augmentant ensuite de 2 pieds jusque environ 6 heures du soir; à 7 heures, elles commencèrent à se retirer. Ce sont là des faits dont j'ai pour témoin tout Brantôme. Prétendre donc que les eaux cessèrent de s'élever à la chute de nos murs, c'est en imposer au plus grand ministre de l'Europe. Avancer qu'il y eut un équilibre de 4 heures après leur ruine, c'est une contradiction qui met bien en évidence la mauvaise foi des exposants, car l'équilibre dut être rompu dans les eaux entièrement et sans retour, et les eaux durent se retirer au moment que nos murs tombèrent. Si, comme ils le soutiennent, cette prodigieuse quantité d'eau n'était retenue que par nos murs dans la ville de Brantôme, ôtée la cause, l'effet disparaît. En vérité, MM. les exposants sont prédestinés à n'avoir que de fausses idées.

Réplique. Nous ne relèverons point les injures que nous font MM. les bénédictins dans ce paragraphe, et nous ne toucherons point à la louange vraie ou supposée qu'ils s'y donnent.

Il n'y a qu'un seul point important à nos murs, et dès le 10 mars dernier la communauté a délibéré sur les moyens les plus prompts à pourvoir à cette restauration.

Si une terrasse au pied d'un mur en dehors, de 4 pieds et 1/2 de base sur 2 et 1/2 de haut, et des piliers de force en dedans, à 8 pieds de distance les uns des autres, sur 6 pieds de haut, 3 d'épaisseur à la base et autant de large, ne sont pas des fortifications, on demandera à MM. les bénédictins quel nom donner à de pareils ouvrages. Tel est pourtant le mur de leur jardin au levant.

Cette petite tourelle était en pierre de taille de 6 à 7 pouces d'épaisseur ; l'intérieur formait un vide d'environ 5 pieds de diamètre ; au lieu de cette tourelle et dans l'angle où elle était on a fait un ouvrage en pierre de taille massif, avec chaux et sable, de l'épaisseur de 5 pieds et 1/2 à la base, présentant en dehors une forme ovale qui le rend, par ce moyen, résistant aux efforts les plus puissants des flots.

On a déjà fait les observations nécessaires sur le fait de ce paragraphe aux articles 3 et 4, précédés des réponses de MM. les bénédictins. Et nous leur rendrons toujours l'honneur qui leur est dû comme seigneurs censiers de partie des biens de quelques-uns des habitants.

Placet. Les sieurs bénédictins nous avaient vus dans ce péril ; ils en avaient été émus, ils se félicitaient même de la chute de leurs murailles, qui avait sauvé tout à la fois et la ville et ses habitants, et projetèrent en conséquence de ne les relever qu'à hauteur d'appui avec des grilles par dessus. Cependant à peine échappés à ce danger et revenus de notre frayeur, nous avons vu renouveler nos alarmes par la reconstruction desdites murailles à leur ancienne hauteur, dans une nouvelle forme, c'est-à-dire en pierre de taille, à chaux et à sable, au lieu de terre et moellon comme elles étaient ci-devant; ce qui, leur donnant un nouveau point de solidité, nous présente en même temps l'avenir le plus sinistre.

RÉPONSE. Nous serons toujours sensibles aux calamités qu'éprouveront nos semblables, et particulièrement à celles qui affligeraient les habitants de Brantôme. Dans la journée du 6 mars dernier, étant continuellement sur notre terrasse qui domine la rivière et la ville, nous pouvions juger facilement du progrès des eaux et du danger auquel se trouvaient exposés lesdits habitants. Nous en étions touchés et uniquement occupés ; nous vîmes tomber les murailles de notre jardin sans en être affectés ; nous contemplâmes leur ruine d'un œil sec et indifférent ; nous ne pûmes point penser que leur chute donnerait l'écoulement aux eaux et qu'elle sauverait la ville, puisque nous les vîmes croître encore jusqu'à 6 heures du soir, c'est-à-dire environ 4 heures après l'éboulement de nos murs. Nous n'avions pas vu avec la même indifférence le pont de la ville emporté à 9 heures du matin. Cette [crue] des eaux nous donnait des frayeur pour Brantôme, qui ne se dissipèrent que sur les 7 heures du soir, où les eaux baissèrent insensiblement.

Nous avons fait relever nos murs en pierre de taille à chaux et à sable, en leur donnant un peu plus d'épaisseur, mais sans piliers battants et sans tourelle, et d'un pied et demi plus bas que les anciens murs du coté du nord regardant la ville. Il était tout naturel de garantir du ravage des eaux une possession pour laquelle nous payons à M. l'abbé Bertin une redevance annuelle de 800 livres.

Réplique. Cette sensibilité ne fut que momentanée et disparut avec le danger, puisque les réparations qu'ils ont faites nous présentent un avenir encore plus sinistre, s'il n'est pourvu à la sûreté de notre ville.

MM. les bénédictins ont fait relever leurs murs en pierre de taille, à chaux et à sable, sans piliers battants et sans tourelle, mais ils leur ont donné plus d'épaisseur, et, au lieu de tourelle creuse, ils ont construit un angle massif de l'épaisseur de 5 pieds et 1/2. Cet ouvrage n'avait pas besoin de piliers battants ; sa force supérieure le rend à l'épreuve de tous événements et sonne l'alarme la plus fondée aux habitants. Et ce jardin, pour la possession duquel MM. les bénédictins veulent donner à entendre qu'ils payent une redevance annuelle de 800 francs à M. l'abbé de Bertin, n'est cependant qu'une très mince partie, eu égard à la totalité de l'objet considérable par eux acquis du prédécesseur dudit seigneur abbé de Bertin pour une modique somme de 20,000 livres, et pour laquelle ils ne payent que cette redevance annuelle de 800 livres.

PLACET. C'est dans une position aussi critique et aussi alarmante que les exposants, Monseigneur, ont l'honneur de vous déférer et leur cause et leur intérêt ; persuadés que la conservation de deux mille individus est un objet plus important pour mériter l'attention du ministre pacificateur de l'Europe et des deux mondes. Daignez, Monseigneur, faire vérifier les faits que les exposants vous présentent. Un verbal du local plus étendu et mieux circonstancié vous convaincra qu'ils ne vous en imposent pas, et que ce n'est ici qu'un tableau bien raccourci de la légitimité de leur crainte sur les suites funestes et nécessaires de la restauration desdites murailles dans la nouvelle forme qu'elles sont faites et des accroissements journaliers que la rivière dépose au terrain qui la borde. Les exposants, Monseigneur, ne cesseront d'élever leurs vœux au ciel pour votre santé et prospérité.

Et est ainsi signé :

> Bussière et Balan de la Combe, consuls ;
> Laforest, Montagrier, Dupuy, Ladonie,
> Rougier de la Côte, Bussière, Joussein
> de Puichautu, Joussein, Dupeiroux,
> Nadaud, Guilhoumot, Laforest, Duclaud,
> Cuizinaud, Rabier, n. roy., Faure,
> Camus-Duvignaud, Granger, etc.

A été envoyé le 24 août 1783 à Mgr de Vergennes et M. de Bertin.

RÉPONSE. Le ton d'affliction et de calamité que prennent les exposants est purement imité, mais imposant pour un homme sensible et rempli d'humanité comme l'est Mgr le comte de Vergennes. Je suis persuadé et je me flatte que si la pitié et la bonté du grand Vergennes en ont été émues, sa justice et son équité gagneront le dessus, à la simple lecture de mes réponses ; il s'apercevra de tous les faux exposés de la requête, sans en oublier la dernière ligne, qui présente des accroissements journaliers formés par la rivière au terrain qui borde nos murailles. Un bras de ladite rivière qui ordinairement n'a pas deux pieds de profondeur et coule tranquillement dans la partie qui arrose ledit terrain, peut-il journellement former des alluvions, des accroissements à ce terrain, qui journellement est le même et de temps immémorial de la même étendue ? Au reste, je me soumets avec plaisir, de concert avec tous mes confrères, à la vérification des faits et à l'inspection des lieux par tel commissaire que Mgr le comte de Vergennes jugera bon de nommer à cet effet.

Et est ainsi signé :

> F. M.-P.-H. Castagne, p. de B. ; F. J.-B. Ducheyron, sous prieur ; F. J.-P. de Brioude, secrétaire du chapitre ; F. J. Brousse ; F. J.-G. Nicolas, scel. et p. ;

F. A. Vergne, seig^r ; F. J.-A. Arbon-
neau ; Frère André ; Souzea.

A été envoyé aux religieux le 11 octobre 1783.
Ils l'ont reçu.

RÉPLIQUE. Les habitants de Brantôme ne pouvaient prendre un ton de sécurité dans l'exposé
du danger auquel ils ont échappé le 6 mars dernier et de celui qu'ils auraient encore plus à
craindre dans l'avenir, s'il n'était pourvu à la
sûreté de leur ville ; et leur exposé est si vrai
qu'ils attendent avec confiance la vérification des
faits par tel commissaire qu'il plaira à Mgr le
comte de Vergennes de députer, bien sûrs que
l'événement les justifiera de l'imputation de faux
que leur font MM. les bénédictins.

Est ainsi signé :

> Bussière, consul ; Balan de la Combe, con-
> sul ; Rougier de la Côte, Dupuy, Lado-
> nie, Laforest, Bussière, Dupeiroux,
> Joussein, Joussein de Puichautu, Du-
> doignon, Laforest, Cuizinaud, Guilhou-
> mot, Nadaud, Faure, not^{re} roy., Ra-
> bier, n. r., Granger, Camus-Duvi-
> gneaud.

A été mis en tête du placet : Soit communiqué
à la communauté des religieux, pour fournir
leurs réponses par devant M. Eydely, notre
subdélégué à Périgueux, qui y joindra ses observations et nous renverra le tout, pour être renvoyé au ministre. Fait à Bordeaux le 1er octo-

bre 1783. Signé : Dupré de Saint-Maur, inten-
dant.

La communauté des habitants a renvoyé le
tout à M. Eydely, du 1er au 15 novembre 1783,
et en même temps il a été envoyé une copie du
tout à chacun des MM. de Bertin.

Fait par moi soussigné : Bussière, consul.

Nous n'avons pas le texte du jugement sur
cette affaire, mais nous savons par l'abbé Audierne que la supplique des habitants de Bran-
tome « fut écoutée ; ils obtinrent ce qu'ils deman-
daient (1) ».

Le dix-sept juin 1790, à huit heures du matin,
pour se conformer au décret de l'Assemblée
nationale, en date du 26 mars 1790, concernant
les religieux, le maire (2) et les officiers municipaux (3) de la ville de Brantôme en Périgord,
suivis du secrétaire greffier (4) et du procureur
de la commune (5), se transportent dans le couvent de « messieurs les religieux bénédictins »
de cette ville, pour dresser l'inventaire som-
maire des biens et revenus de cet établissement.
Tous les Pères profès se réunissent pour les

(1) *Notice hist. sur l'abbaye de Brantôme*, p. 66.
(2) Camus-Duvignaud.
(3) Rabier, Labrau, Bezenac, Dupeyroux, Laborie, et plus
tard Faure, Blois, Fournier.
(4) Cuginaud, et quelquefois Jolivet.
(5) Bagouet.

recevoir. Ce sont : dom Alexandre Sigean, âgé de 55 ans, prieur ; dom J.-B. Dacheyron, âgé de 75 ans, sous-prieur ; dom Pierre-Joseph-Michel Duclaud, âgé de 58 ans ; dom J.-B. Lestrade, né à la Barge, paroisse de la Boissière-d'Ans, âgé de 55 ans ; dom J.-François Romme, âgé de 43 ans ; dom J.-B. Richard, cellérier ou syndic de la communauté, âgé de 33 ans ; dom Jean-Joseph Chaslus, sacristain, âgé de 35 ans ; dom Hilaire Rousseau, secrétaire du chapitre, âgé de 30 ans. Un neuvième religieux profès, Gabriel Buel, n'a pu se présenter, pour cause d'infirmité. Les agents du gouvernement, accompagnés des religieux, font d'abord ouvrir le tabernacle de la chapelle abbatiale. Ils y trouvent « un ciboire en vermeil et un soleil (ostensoir) aussi en vermeil. »

On leur montre ensuite à la sacristie six calices avec leurs patènes, une croix processionnelle d'argent avec bâton à plaque d'argent ; deux chandeliers d'argent servant aux acolytes; deux encensoirs avec leurs navettes ; deux bâtons de chantre : le tout d'argent ; un bénitier avec son goupillon ; une paire de burettes avec leur bassin, une petite croix, un bâton de bedeau, une « bouette pour les saintes huiles », et trois lampes : le tout d'argent ; plus 24 chapes de différents prix et de différentes couleurs ; 23 chasubles, non compris celle qui est à la chapelle du Reclus ; autant d'étoles et de manipules ; dix-huit dalmatiques, une écharpe et un dais ; 12

devants d'autel, une robe de bedeau et 12 robes pour les enfants de chœur ; 45 aubes, 12 nappes d'autel ; amicts, cordons et autres menus linges ; six chandeliers de cuivre, servant au grand autel ; 12 chandeliers de métal, moins grands, pour les petits autels ; un encensoir avec sa navette ; un bénitier, trois petites croix pour les autels : le tout argenté ; une piscine d'étain ; quelques bouquets en forme de fleurs de lis argent sur soie, un pupitre de bois et finalement les livres nécessaires pour la célébration des offices divins. Revenus dans le chœur de l'église, ils ont vu, dans une armoire élevée sur une crédence du côté de l'évangile, une châsse d'argent contenant les reliques de saint Sicaire ; cette châsse est enrichie de quelques pierreries, soutenue par deux anges et surmontée de la statue de saint Sicaire.

Les officiers municipaux ont été conduits ensuite à la bibliothèque du couvent ; ils y ont compté 1.050 volumes de différents formats. Après quoi ils ont visité le chartrier de l'abbaye et fait l'examen des terriers indiquant les titres des rentes. « Et, disent-ils dans leur procès-verbal, attendu qu'il est heure tarde, avons remis la continuation des présentes à deux heures de relevée cejourd'hui. »

A 2 heures, les officiers municipaux continuent d'inventorier les *richesses* du couvent. Ils inscrivent : cinq tableaux avec chacun leur cadre doré, attachés aux murs par des crampons de fer, représentant la Vierge, l'*Ecce Homo*, la descente de croix, Louis XV et la reine ; trois cartes géographiques ; deux vieux sophas couverts d'anciennes tapisseries assez usées ; treize chaises et trois fauteuils à bras, également tapissés. Ils visitent les quatre chambres de l'hôtellerie du monastère, et trouvent dans chacune : 2 chaises, une table, un lit composé de deux matelas, d'une paillasse, d'une courte-pointe avec rideaux et tour d'étoffe en laine. Ils passent à l'infirmerie : ses trois chambres ne contiennent chacune qu'un lit comprenant un matelas, une paillasse, une couverture, des rideaux et un tour d'étoffe verte.

« C'est tout ce qui s'est trouvé de mobilier et argenterie dans ladite maison et sacristie. »

Tous les religieux déclarent que la communauté n'a pas d'argent monnayé ; qu'ils « vivent depuis longtemps aux dépens d'autrui » ; qu'ils n'ont pas non plus d'argenterie et qu'il n'en existait pas même avant les décrets concernant les maisons religieuses.

Les officiers municipaux se sont fait présenter les registres et comptes de régie, composés de 3 cahiers ; celui du cellérier, celui du sous-cellérier et celui du dépositaire. Les baux des différents prieurés dépendant de l'abbaye donnent un *total de 13,250* livres. Les rentes annuelles directes et seigneuriales sont, en année commune, de 1,426 boisseaux de froment, à 4 liv. = 5.704 liv., et de 408 boisseaux d'avoine, à

1 liv. 10 s. = 612 liv. ; plus 13 boisseaux de seigle, à 3 liv. = 39 liv. ; plus 10 boisseaux de méture au même prix, total 30 liv. ; 3 boisseaux de châtaignes 3 liv., et 132 livres d'argent = 132 liv., *somme totale des rentes directes : 6.520 livres.*

Ferme du bien de la Claperie : 32 boisseaux de froment, 66 de baillarge, 30 d'avoine et 60 de blé d'Espagne : 450 l. de revenu total en année commune.

Ferme d'une terre située au moulin de Lombraud, 46 l.

Une rente annuelle au terme d'avril, 15 l.

Une rente foncière au terme de la Noël, 24 l.

Revenu du domaine de la Forest de la Sène, 500 l.

Revenu des foins, 360 l.

Revenus des vignes détachées, y compris les vignes de réserve de la Claperie, 90 l. Troisième total général, 1.485 l. ; lequel, joint aux deux autres, donne 21.255 livres.

Ils ont ensuite fait le calcul des revenus des 10 dernières années : il a donné une moyenne annuelle de 22.455 l., non compris les revenus des bois.

Plus loin, nous trouvons ainsi énumérées les tenances du monastère de Brantôme : Combe d'Ajac, combe Simpey, Baucheret et Buisson ou moulin Coucou, Puy-St-Sicaire, Canedie Canelle, Brouillac, Chamberoit, Chaminadie, Lombraud, Pecouillac, Poumeillac, Labesse, Pabolas, Puydemonbrun, Comberudel, Chantemago,

Audouniéras, Vaure, Couderc, Combe de Barzac, Lapeyrière, Pareilleras, Faurelières, Bois de Mouges, Tourasses, Gevardie, Pélelenie, Cheyroux, Fadouille, Leybardie, Legenez, Sezalard, Puidoullounet, Le Figuier, Pred du Pressac.

Les dettes passives de la communauté dépassent 10.000 livres, dont 4.600, dues au sieur Bézenac, marchand drapier, pour argent prêté par lui, comme il est constaté par deux billets, en date du 2 octobre 1788 et du 10 juin 1789 ; 2.660 livres 7 sols, dus au même, pour marchandises fournies par lui ; 2.500 livres dues à MM. Roland, épiciers à Bergerac, pour marchandises, et 650, dues à Martin, épicier à Limoges.

Quant aux dettes actives, elles sont de 3.500 livres pour arrérages de rentes et de baux de ferme.

Le 19 juin 1790, les religieux sont mis en demeure par les officiers municipaux, de. faire connaître leurs intentions concernant la vie monacale. Le prieur, dom Alexis Sigean, prend le premier la parole et s'exprime en ces termes :

« Lorsque je suis entré en religion, j'avais l'âge de raison : volontairement, sans gêne ni contrainte, sans même aucun respect humain, j'ai fait mon sacrifice. Depuis trente-huit ans que j'ai juré à la face des autels d'être fidèle à Dieu et à ma règle, je ne me suis jamais repenti de mes engagements ; j'ai trouvé dans la religion une mère tendre, équitable et compatissante, qui ne m'a prodigué que des douceurs et des bienfaits. Quitter de propos délibéré une telle mère, s'arracher à son sein, abandonner un asile tranquille pour s'exposer volontairement sur une mer orageuse, serait, selon moi, être dénaturé et mettre le comble à l'imprudence. Ainsi, messieurs, pour répondre à la question que vous me faites, je déclare ici publiquement que, renonçant à tout parjure, dans la vive persuasion que je trouverai toujours dans les entrailles de ma mère la religion les mêmes douceurs et les mêmes prérogatives, dont j'ai joui jusqu'à ce moment, je veux vivre et mourir dans son sein, que je n'abandonnerai jamais la maison où la Providence m'a placé, à moins que l'autorité m'en fasse sortir. Et afin de convaincre les générations présente et future de la pureté de mes sentiments, je jure, autant que de besoin, d'être toujours bon et loyal citoyen, d'être fidèle à la loi, à la nation et au roi. Et ai signé : Fr. Sigean, prieur. »

D. J.-B. Ducheyron, sous-prieur, se renferme dans les motifs de la déclaration de dom Sigean, prieur.

Pierre-Joseph-Michel Duclaud dit qu'il a l'intention de quitter la congrégation pour se retirer dans sa famille. (1)

D. J.-B. Lestrade, désirant ardemment se conformer au décret de l'assemblée nationale qui

______

(1) On le retrouve en résidence à Périgueux, après le Concordat.

permet aux religieux de sortir du cloître, déclare qu'il demande à sortir de sa communauté et de tout cloître religieux, pour se séculariser et jouir des privilèges énoncés à l'art. 2 du décret du 26 fév. 1790. (1)

D. J.-François Romme, quoiqu'il ait goûté depuis vingt-trois ans dans sa congrégation les douceurs de la religion, demande à se retirer dans sa famille, sous le bénéfice de la pension réglée par les décrets (2).

D. J.-B. Richard, cellérier, déclare vouloir rester dans la maison tant qu'il n'y aura pas d'autres changements dans l'ordre spirituel. Si la règle devenait plus sévère, à cause de sa faible santé, il se retirerait au sein de sa famille (3).

D. J.-Joseph Chaslus, sacristain, déclare que,

(1) Le 31 mai 1791, les électeurs le nommèrent presque à l'unanimité curé de Beaulieu. Après le Concordat, nous le retrouvons en résidence à Périgueux.

(2) Dom Romme était très aimé à Brantôme, à cause de ses nombreuses charités. Il se fixa dans le pays après la Révolution. On le disait bon joueur de flûte. Son frère, le conventionnel Gilbert Romme, ancien professeur de mathématiques, composa le *Calendrier républicain*, en collaboration avec Fabre d'Églantine. *(Villepelet.)*

(3) Lorsque les moines durent quitter leur couvent, il alla frapper à la porte de ses parents de Brantôme. Ceux-ci ne la lui ouvrirent qu'avec la crainte, qu'ils lui manifestèrent, de se voir traqués comme recéleurs. Aussi, dès le lendemain avant le jour, dom Richard partit dans la direction de Thiviers. *(Détails donnés par la famille Julien Cuginaud.)* Dom Richard est sur la liste des prêtres résidant en Périgord après le concordat.

contrarié par les opérations de l'assemblée nationale dans l'état religieux où il s'est mis de bon cœur, s'il y a un changement dans cette maison, soit pour le nombre des religieux supérieur à celui qui la compose actuellement, soit dans l'ordre spirituel, son intention est d'en sortir pour se retirer au sein de sa famille (1).

D. Hilaire Rousseau, secrétaire, « charmé de vivre le plus longtemps possible au sein d'une congrégation dans laquelle il n'a goûté que des douceurs, » déclare vouloir y rester, tant que l'organisation actuelle y subsistera ; « mais dès l'instant qu'il plaira à la nation de l'interrompre, » il se retirera au sein de sa famille.

Les choses en étaient là, lorsque le prieur Sigean mourut au Châtenet, près Brantôme, chez M. Montauzon de Puycomteau, le 28 octobre 1790. Aussitôt les scellés furent apposés sur les archives du couvent et sur la chambre où était mort le prieur.

Le 21 octobre 1790, la municipalité de Brantôme avait reçu la lettre suivante :

« Je n'ai pas remarqué, messieurs, que dans l'inventaire que vous avez fait des meubles et effets qui sont dans l'abbaye des bénédictins de votre ville, vous vous soyez conformés à l'esprit des décrets de l'assemblée nationale, qui veulent et recommandent expressément d'y décrire

_____

(1) Plus tard prêtre assermenté, il fut proposé pour desservir Eyvirat (Tableau dressé le 6 brumaire an XI, 1802).

tous les titres et papiers qui sont dans les archives. Vous voudrez bien vous y conformer en
suppléant sans retardement à cette omission.
Mais comme il peut être que les titres se trouvent multipliés, et que vous vous trouviez con-
trariés par la longueur et les frais que leur
description exigerait, vous pourrez dans ce cas
vous conformer à ce qui a été pratiqué pour le
chapitre de Périgueux, en vertu d'une ordonnance du Directoire du département, en mettant
de côté tous les registres et livres nécessaires à
la recette journalière des rentes, que vous lais-
seriez sur récépissé entre les mains des religieux, et à la charge de les remettre lorsqu'ils
rendront leurs comptes. Ensuite vous déposeriez
le surplus dans un lieu sûr et vous y apposeriez
les scellés, jusqu'à ce qu'une instruction de l'assemblée nationale ait prescrit le nouveau parti
qu'il conviendra de prendre à cet égard. Vous
m'obligerez, messieurs, de vouloir bien me rendre compte de ce que vous aurez fait en conséquence de ce que j'ai l'honneur de vous écrire.
Je suis avec dévouement et fraternité, messieurs,
votre très humble et très obéissant serviteur.

« Pre-Eléonor Pipaud. »

Le 1er décembre 1790, pour se conformer aux
instructions de l'administrateur Pipaud, les commissaires municipaux se présentent encore au
couvent de Brantôme et dressent l'inventaire des
livres nécessaires à la recette journalière des

rentes de la communauté. Ils les laissent entre les mains des religieux, mais à la charge pour ceux-ci de remettre le tout lorsqu'ils rendront leurs comptes.

Le 13 décembre 1790, M. Bourgoin de Daille, membre du Directoire du district de Périgueux, est adjoint à la municipalité de Brantôme, dont Joussen de Puychautu est maire, pour inventorier avec plus de soin à l'abbaye et dans l'appartement où était mort le prieur, au Châtenet.

Bourgoin de Daille arrive à Brantôme avec son secrétaire Reymondie.

Le mardi 14 décembre et le mercredi 15, les officiers municipaux et le sieur Bourgoin, vérifient et complètent l'inventaire du 17 juin, et apposent de nouveaux scellés, après avoir mis à part le strict nécessaire à la célébration des offices, savoir : les 2 plus petits calices, un encensoir, une lampe, la boîte des saintes huiles, le bâton de bedeau, dix aubes, cinq amicts, cinq cordons, 5 essuie-mains, 8 chasubles, 10 nappes d'autel, 2 missels et les costumes des enfants de chœur, les 18 chandeliers des autels, 1 encensoir en cuivre, 3 petites croix pour les autels, une piscine d'étain, 12 vieux bouquets artificiels avec leurs vases de faïence, un pupitre et les livres de chœur.

Outre les objets énumérés dans le premier inventaire, ils ont trouvé :

Une malle contenant de vieux haillons et linges de peu de valeur, qui servait à la personne du feu prieur et qu'on a laissée « avec lesdites guenilles », sur la demande des religieux, pour l'usage de dom Buel, infirme ;

2 tables, un petit buffet en peuplier, vide ; un très petit meuble fermant avec un simple battant, en forme de petit cabinet ; plus un demi-cabinet à deux battants et presque neuf, contenant 4 serviettes de toile d'étoupes grosses, dont 2 toutes neuves et les autres presque usées ; un petit miroir avec son cadre vernis en rouge ; plus une chemise d'homme, de toile assez fine très usée ; plus deux caleçons, dont l'un de grosse toile, l'autre de grosse siamoise très usée et rapiécée ; plus le cachet de la congrégation de Saint-Maur, gravé sur cuivre, et deux petits sacs de grosse toile, dont l'un contenait la somme de 86 livres 15 sols, la majeure partie en monnaie d'un sol, provenant de la vente des objets du jardin ; et l'autre, la somme de 161 livres 11 sols, laquelle, après différentes difficultés soulevées et aplanies, a été laissée, avec charge d'en rendre compte, aux religieux, qui ont déclaré vouloir la faire servir au payement des impositions ;

Quatre pièces neuves de tapisseries d'Aubusson, représentant la Vierge, St Joseph et la naissance de N. S. ; six autres pièces de tapisseries, très vieilles et usées ; trois coussins de célébrant ; de vieux rideaux de croisée ; un drap de toile peint, assorti de galons faux ; 5 livres missels, dont 2 neufs ; 10 livres processionnaux ; 18 gros volumes pour le chant ; 10 bréviaires, épistoliers et diurnaux ; 32 autres livres à l'usage du chœur ; 3 livres missels pour les morts, et quantité de cahiers pour le plain-chant ;

2 chenets en fer battu, pelle et pincettes, soufflet demi-neuf et devant de cheminée dont le cadre est garni en papier ; 4 chaises et un fauteuil à bras ; 2 tapis « en grosse brodure » ; 2 pots à eau avec leurs jattes en faïence ; un pot à tabac en fer blanc avec couvercle de plomb ;

Dans le chœur de l'église, 4 grands cadres peints sur toile, dont l'un est le Christ avec la sainte Vierge et saint Jean au pied de la croix ; le second un cardinal, et chacun des autres deux un abbé ; 2 chandeliers d'argent ; 2 petites cloches du chœur avec leurs cordes ;

Dans la chapelle de N.-D., trois pièces de vieilles tapisseries ; contre le mur, en face de l'autel, un grand cadre (l'image de la sainte Vierge) ; un autre cadre doré dans lequel est enchâssée une glace ; deux autres petits cadres dorés peints sur toile (l'un est l'image de saint Jean, l'autre celle de sainte Catherine), le tout au-devant de l'autel de Notre-Dame ; un autre cadre non doré peint sur toile ;

Dans la chapelle de sainte Catherine, trois cadres peints sur toile, l'un représentant la sainte Vierge, saint Joseph et l'enfant Jésus, un autre saint Michel, et le troisième l'image de plusieurs martyrs, et 4 tables servant à la fête de saint Sicaire ;

Dans la chapelle de saint Benoît, un tableau encadré représentant Moïse sauvé des eaux ; un autre petit cadre (saint Benoît), et un 3ᵉ représentant saint Claude ; et, dans le fond de la chapelle, qui est bien boisée, un confessionnal ;

Dans l'église, un bénitier en cuivre supporté par 4 barres de fer ;

Dans la chapelle Saint-Antoine, qui est bien boisée, deux cadres, l'un représentant la Vierge et 4 religieux, l'autre sainte Elisabeth « en visite vers la Vierge », plus un confessionnal ;

Dans l'église, un large trône en bois de noyer et une chaire à prêcher avec un confessionnal au dessous.

L'entrée du chœur a une grille de fer assez bien ornée ;

Enfin, 2 vieux fauteuils de bois très vieux et vermoulus.

Dans le couvent, de plus 10 chaises, dont sept très vieilles, et deux fauteuils tapissés assez vieux ; 2 cadres (un pape avec tiare et saint Benoît) ; un vieux cadre (st Benoît méditant au pied de la croix) ; 2 chaises avec sièges de jonc, une paire de chenets, des tenailles pour pincettes, une table, 2 chaises tapissées et une autre avec siège en jonc, et 4 grands châssis neufs en peuplier, destinés à des tapisseries qui ont été transportées chez M. de Puycomtaud ; une paire de grands chenets, 2 vieux fauteuils tapissés et 2 autres avec siège en jonc ; une chaise, une table et 2 tuyaux d'étain de l'orgue ; dans la

salle du chapitre, 5 vieilles cartes collées sur
toile et dans des cadres unis attachés aux murs,
et 4 banquettes également cramponnées ; dans la
chambre du domestique, un mauvais châlit à la
duchesse, sans aucune espèce de garniture que
le ciel d'un mauvais papier collé sur toile, un
petit demi-cabinet à un battant ferré, 2 mauvaises chaises, une petite encoignure ou rayon et
une tablette attachée au mur.

Le jeudi 16 décembre 1790, après midi, com-
paraissent MM. Mathieux et Blanchard, adminis-
trateurs du département et du district, nommés
commissaires le 10 du même mois par la direction du département, pour opérer conjointement
avec le sieur Bourgoin. Ils continuent ensemble le recolement de l'inventaire.

Dans le salon, une petite table à pieds de bi-
che, à quatre petits tiroirs sans serrures, sur
laquelle est un vieux tapis plus qu'à demi usé ;
une autre table avec ses tréteaux pliants, à huit
couverts, plus deux fauteuils et deux chaises
joncées, le devant de cheminée (cadre uni avec
papier collé sur toile), une plaque de fonte ou
contrefeu, un grand rideau de croisée en toile
coton soutenu par une tringle ; le salon boisé
presque à neuf, avec 8 cadres en papier collé
sur toile, encadré à différents espaces de la boiserie.

Dans une petite chambre, au bas de l'escalier,
on inventorie un mauvais lit, avec son vieux
châlit, deux petits matelas, un mauvais traver-

sin, une couverture sans aucune espèce de rideau, un mauvais tour et le ciel d'une toile clouée sur un cadre, deux mauvaises chaises, un prie-Dieu et une mauvaise table à deux tiroirs.

Dans la cuisine, une grande table longue à deux tiroirs, une grande paire de chenets en fonte d'environ 300 livres, un contre-feu de même matière rompu en deux, une crémaillère et un tournebroche, deux demi-cabinets, deux mauvaises tables, un potager à onze fourneaux, une salière en bois, un tablette soutenue par un crochet en fer.

Le vendredi 17 décembre 1790, le corps municipal et les commissaires se réunissent de nouveau à l'abbaye. Dom Hilaire Rousseau prend la parole et prononce en leur présence et devant ses confrères un discours empreint « des sentiments du plus pur patriotisme » et qui est accueilli par les applaudissements des officiers municipaux et commissaires.

Voici les pensées saillantes de ce discours emphatique, où se révèle un moine en train de se défroquer : « ..... Veuillez annoncer à toute la nation, s'il est possible, qu'enfoncés dans la solitude dès notre plus tendre jeunesse, il en coûte à nos cœurs de nous en arracher pour jamais ! Mais apprenez-lui aussi, messieurs, que si, dans l'âge le plus tendre, nous avons eu assez de fermeté et de courage pour renoncer à ce que l'homme a de plus cher, nous voulons dire à nos parents, à nos biens et aux plaisirs du siècle, dans un âge plus mûr, un sacrifice tel que celui que nous faisons aujourd'hui ne peut que lui être agréable. Annoncez à cette nation, qui n'aura jamais d'égale, que nous serons stricts observateurs de ses décrets... Une constitution sage veut aujourd'hui nous servir de règle. Nos soins seront d'en repousser vigoureusement tous les ennemis. Nous ne voulons pas vous laisser ignorer, messieurs, que nos cœurs ont été ulcérés par les plaintes que certains individus ont portées contre nous ; mais pussent-ils pénétrer les sentiments de nos cœurs ! Ils y verraient que la plaie est fermée et que les vengeances et la rancune n'ont jamais fait la base d'une âme bien née ! Pardonnonsleur, tendres frères... » (1).

On reprend ensuite le récolement de l'inventaire.

Dans le réfectoire, dont la boiserie peinte en gris est plus qu'à demi usée, on trouve quatre tables longues avec leurs tréteaux, six banquettes cramponnées aux boiseries, un pupitre pour la lecture au réfectoire et deux grands tableaux en belle peinture sur toile avec cadre à moulure couleur gris, (« Noces de Cana ou repas

---

(1) Ce discours aura sa juste récompense : quatre ans plus tard, nous retrouverons dom Rousseau parmi les officiers municipaux de Brantôme ; il signera en cette qualité le tableau des dépouilles de quatre églises, dont l'une avait été l'asile de sa vie monacale.

de Marthe » et l'annonce par deux anges de l'enfantement de Sara) ; deux placards à deux grands battants.

Dans la dépense, à côté du réfectoire, un petit buffet à deux battants, deux mauvaises chaises joncées, deux placards à deux battants, un vaisselier et une mauvaise table.

Dans un petit réduit servant d'office pour la cuisine, une grande table longue, six planches attachées au mur et au plafond, un baril foncé par un bout seulement et une espèce de garde-manger.

Dans une autre espèce d'office, quatre grandes tables avec leurs tréteaux, dont l'une brisée en quatre, deux tablettes ou encognures et une lanterne.

Dans les caves, treize fûts foncés par les deux bouts, six vitraux (du corridor et de la cuisine), quarante-deux mauvais morceaux de bois servant de tin, deux pieds-droits de charpente avec ses deux liens, le châssis d'une croisée, une case pour la volaille et trois planches percées sur deux tréteaux pour placer les bouteilles, une autre planche suspendue au plancher, quatre-vingt-dix poignées d'osier vimes fendus pour les futailles, une mauvaise échelle à main à onze échelons, deux fûts contenant de la chaux éteinte ; dans une fosse environ six à sept pièces de chaux éteinte, un baril à huile foncé par les deux bouts, deux mauvaises membrures et sept planches servant de couverture à la fosse à chaux.

Dans les anciennes écuries, deux fûts foncés par les deux bouts.

Dans une roche, derrière le réservoir, deux fûts foncés, une échelle double servant à tailler les charmilles.

Dans l'écurie, un vieux coffre à mettre l'avoine et un petit demi-buffet à un battant.

Dans la petite chambre à côté, un mauvais grabat de paille sur un mauvais châlit et un prie-Dieu dont les portes et l'accoudoir tombent en ruine.

Dars la chambre du jardinier, une table longue, une espèce de mauvais meuble à deux battants et un autre mauvais grabat.

Dans le cuvier, une cuve ronde à écouler, de 16 à 17 barriques, un pressoir, un grand tin double en forme d'échelle et cinq fûts.

Dans un antre du rocher, deux pierres à huile.

Dans les greniers ou mirandes, une chaire de professeur, un vieux placard à l'antique ayant quatre petits battants, une espèce de banc classique, deux mauvais tréteaux de table, trois prie-Dieu, un châssis de croisée et cinq débris de vieux meubles.

Dans l'écurie, un vieux cheval de la valeur d'environ 40 livres, qui a été laissé aux religieux pour leur service.

Les religieux font remarquer qu'après l'annonce faite à eux la veille (jeudi 17 décembre) par les commissaires Mathieux et Blanchard, de l'entière dissolution de leur corps, les ornements, vases et livres de chœur à leur disposition leur sont très inutiles. Ils demandent donc qu'ils soient mis sous scellés à l'exception d'un calice, de cinq aubes, quatre chasubles. On met aussi sous scellés les rideaux de l'autel de Notre-Dame, une vieille toile peinte, deux paires de *te igitur* à cadres dorés et les autres ustensiles servant au culte et déjà inventoriés. « En sorte qu'il ne reste rien plus au pouvoir des ci-devant religieux qu'un calice, le ciboire, la boîte aux saintes huiles, un livre missel, cinq aubes, les nappes et linges d'autel et quatre chasubles, la piscine et les burettes ».

Le 18, les commissaires municipaux visitent le grand clocher, où ils trouvent trois cloches : la grande, appelée Saint-Sicaire (4 pieds de diamètre), la seconde, Saint-Pierre, (3 pieds 1 pouce de diamètre), la troisième, appelée Saint-Paul, (2 pieds 10 pouces de diamètre) ; puis le petit clocher, où ils trouvent deux cloches, l'une d'un pied 8 pouces, l'autre d'un pied 7 pouces de diamètre. Ils vont ensuite dans le dôme, sur l'escalier, et y trouvent une petite cloche servant aux exercices, pesant environ 72 livres, et une horloge à trois cases, les pignons en cuivre, ayant trois timbres : celui des heures a un pied 9 pouces de diamètre, et ceux des demi-heures et quarts ont 11 pouces de diamètre. Sicaire Laville, chargé de gouverner l'horloge, déclare qu'elle est en assez mauvais état. Derrière la porte d'entrée du cloître, une petite cloche servant à avertir le portier, du poids d'environ 10 à 12 livres. Ils reviennent au chœur de l'église et y trouvent les quatre chandeliers des morts, le brancard des reliques de saint Sicaire, deux bancs, un pupitre, le tronc des aumônes vide et le lutrin avec ses trois escabeaux ; une lampe et trois chandeliers pour les offices de nuit, un banc tapissé pour les acolytes, une petite échelle et un escabeau, deux autres petits pupitres, un petit banc, six boîtes longues devant les stalles, appelées crachoirs, et une vieille paire de *te igitur* à cadres dorés, et une autre en carton, le cierge pascal, deux torches et dix-huit cierges en bois pour le maître-autel, une petite sonnette servant à avertir l'organiste, enfin un petit bénitier en marbre gris incrusté dans le mur et les cinq pierres sacrées des autels, dont une fendue.

A la séance suivante, les officiers municipaux se rendent à la chapelle du Reclus, dépendante de la communauté, et trouvent au milieu de l'autel de la chapelle, dans un antre taillé dans le roc qui forme ladite chapelle, une Notre-Dame tenant l'Enfant Jésus. Cette statue est en bois sculpté ; les vêtements et la couronne sont peints d'une très vieille dorure ; elle est recouverte d'une robe d'indienne et d'un voile de coton rayé, et porte au cou deux petites croix d'argent, deux scapulaires et deux rubans (1). Ils notent que le

____

(1) On conserve religieusement cette madone à l'hôpital de la ville, en attendant la réalisation d'un projet qui ferait

maître autel, où est placée la vierge, est assorti d'un *te igitur* encadré en bois et fort usé ; plus deux images sur cuivre, dont l'une, tout émaillée sans cadre en forme de *te igitur*, représente la Cène de Jésus-Christ et le crucifiement ; l'autre, en peinture très fine également et avec cadre en bois, représente la Vierge et l'Enfant adoré par les Mages dans l'étable ; deux chandeliers en cuivre jaune, deux burettes en verre, six vases en faïence pour bouquets, un christ en os sur croix en bois ; sur l'autel une nappe trétissée et une serviette non trétissée de brin plus qu'à demi usée, un couvre-autel d'indienne fort usé, un devant d'autel encadré, représentant la Vierge et l'enfant Jésus peints sur carton ; plus un œuf d'autruche suspendu à côté de l'autel où sont représentés la sainte Vierge et l'ange Gabriel peints sur toile et très usés ; plus, sur un autre autel un saint Joseph tenant l'enfant Jésus peint sur bois, deux chandeliers en cuivre jaune, une nappe unie de brin mi-usée, le devant d'autel peint sur bois et un petit cadre en cuivre émaillé représentant un saint qui adore le Très-Saint-Sacrement ; sur un troisième autel de la même chapelle, un tableau peint sur toile très vieille et percée, représentant saint Benoît et un évêque méditant ensemble dans la solitude ; un autre petit tableau sur cuivre émaillé, représen-

revivre l'antique pèlerinage de Notre-Dame du Reclus, très fréquenté depuis le xve siècle tout au moins et jusqu'à la Révolution.

tant sainte Madeleine en profonde méditation ; et deux chandeliers en cuivre jaune, une croix de bois, une nappe unie plus qu'à demi usée, un vieux devant d'autel peint sur basane ; dans un tiroir de cet autel un livre missel et son pupitre presque usé, et devant cet autel une espèce de sopha en bois très vieux, et deux autres boiseries en forme de siège. De là, les commissaires sont montés au-dessus de la chapelle, dans une chambre qui communique au clocher ; ils ont aperçu une petite cloche neuve en métal ayant un pied de diamètre à son orifice ; un petit navire fort vieux sur lequel est écrit le nom de Dupuy et le millésime 1735. Sicaire Laville jeune, maître serrurier, leur a déclaré que son épouse Marie Gaillard, chargée d'habiller la Dame de la chapelle du Reclus, a douze robes de la Vierge, dont 9 en étoffes de soie de différentes couleurs, une en velours cramoisi et ciselé, et deux en indienne, trois couronnes en taffetas ruban et six autres rubans séparés pour son ornement, un voile en coton rayé, trois devants d'autel, dont l'un en vieux damas et les autres en indienne fort usés, et une nappe.

Ils reviennent ensuite au couvent et se font présenter les livres de recettes, mises et dépenses. D'après les comptes, ils devraient trouver 2,970 livres 10 sols 9 deniers d'excédent ; mais les religieux déclarent ne rien connaître de cela, le prieur ayant l'habitude de ne les point tenir au courant des affaires. Les commissaires s'enquièrent ensuite auprès des religieux de ce que sont devenus : 1º l'étoffe des rideaux destinés à couvrir le grand autel ; 2º les anciens rideaux du même autel ; 3º les rideaux de la rampe à l'entrée du chœur ; 4º le devant d'autel en velours cramoisi assorti d'un galon d'or qui servait au grand autel, ainsi que tous autres objets dilapidés. J.-B. Richard, interpellé par les officiers municipaux, sur les dilapidations présumées, déclare n'y avoir pris aucune part, à l'exception de deux encoignures appartenant à sa chambre, qu'il a fait porter chez sa mère, où il veut habiter, et cela d'après la connaissance parfaite qu'il avait que les décrets de l'assemblée nationale lui en laissaient la propriété. Il a entendu dire que les vieux rideaux du grand autel avaient été donnés à Vilou pour la façon des neufs. Il déclare également avoir vu descendre de la chambre du feu prieur une malle portée par deux domestiques ; il a vu déplacer le lit, la table et l'armoire du feu prieur sans savoir où ils allaient, mais il les a parfaitement reconnus dans la chambre que dom Sigean occupait au Châtenet. Il a vu emporter également quelques charretées de planches et de soliveaux, que plusieurs particuliers avaient mis en dépôt dans la communauté, entre autres M. Laforest, apothicaire, et Larive, menuisier.

Dom J.-Joseph Chalus ne sait rien, sinon que le devant d'autel cramoisi et l'étoffe des rideaux du chœur étaient entre les mains du feu prieur. A la vérité, depuis plusieurs années, les domestiques de M. Puycomteau venaient les mains vides dans le couvent et s'en retournaient emportant toutes sortes de paquets dans sa maison du Châtenet, où s'engloutissaient en dernier lieu toutes les ressources du monastère. Il déclare enfin que lorsque dom Sigean annonça aux religieux qu'il fallait se diviser, dom Richard, dom Lestrade et dom Rousseau furent obligés de prendre quelques meubles et effets de leurs chambres, et de les faire porter pour leur service particulier dans les maisons qu'ils allèrent habiter.

Dom Hilaire Rousseau déclare que lorsque les religieux de Brantôme connurent les décrets de l'assemblée nationale, les autorisant à prendre connaissance de la gestion de leur communauté, ils sommèrent plusieurs fois dom Sigean de leur montrer ses comptes, « afin de savoir si les revenus de 1789 n'avaient pu suffire à la nourriture et l'entretien de 8 religieux, sans les forcer à sortir honteusement du sein de leur communauté pour aller mendier chez des étrangers leur subsistance. » Pour ce qui concerne les déprédations, il déclare que depuis le mois de juillet dernier jusqu'au moment du décès dè dom Sigean, il a vu transporter par le domestique de M. de Puycomteau plusieurs malles et paquets, surtout de la chambre du prieur. Quant à lui, déclarant, lorsqu'il apprit que les décrets de l'assemblée nationale accordaient à chaque religieux les meubles de sa chambre, il se crut autorisé à faire transporter son armoire et son linge dans la maison où il avait été forcé d'aller vivre et se faire blanchir. Il avait agi de la sorte pour éviter les soupçons de dilapidations, que les allées et venues d'un domestique lui opportant son linge auraient pu faire naître dans le public. « Si la nation le juge coupable en cela, il est prêt à subir la peine par elle imposée. »

Les déclarations de J.-B. Ducheyron, qui a cessé d'être sacristain depuis un an, à la suite de difficultés survenues entre le prieur et lui, n'ajoutent aucune lumière aux précédentes dépositions.

Dom Lestrade, voulant aller voir ses parents en juillet dernier, pria Vilou dit Carissou, pourvoyeur du couvent, d'emporter chez lui une armoire pour serrer son linge. Il y était autorisé par M. Dudoignon, l'ancien maire. Il dépose que le prieur seul administrait la maison, sans vouloir rendre compte de rien à aucun des religieux, qui n'avaient, selon lui, « d'autre tâche à remplir que d'aller au chœur et au réfectoire, lorsque la cloche sonnait. » Quant aux meubles ou effets qu'on soupçonne être sortis de la communauté, il a vu de ses propres yeux sortir de la chambre du prieur, malles, boîtes et paquets, portés par Saint-Pierre, domestique de M. Puycomteau, et Brie, leur domestique, qui lui aidait, et prenait le chemin du jardin condui-

sant au moulin et allant droit au Châtenet ; il a
aussi plusieurs et différentes fois rencontré
Saint-Pierre sortant de la chambre du prieur et
emportant dans la direction du Châtenet un
grand panier couvert d'un linge blanc et qui pa-
raissait bien chargé.

Enfin, sur la motion faite par l'un des membres de la municipalité, qu'on n'avait pas visité
toutes les chambres de la maison, celles qui ne
sont pas occupées dans les deux dortoirs, cette
visite a été faite à l'instant. Dans l'une de ces
chambres, située dans le haut du dortoir, on a
trouvé un prie-Dieu, un bois de lit cloué au mur
et trois étages de planches formant bibliothèque.
(19 décembre 1790, jour de dimanche).

Le même jour, les ci-devant religieux bénédictins se sont présentés à la municipalité de
Brantôme, en conformité des décrets de l'assemblée nationale, et ont déclaré que, vu la dissolution de leur corps, leur intention était de
sortir de leur cloître pour jouir de la pension
qui leur est accordée. J.-B. Lestrade est le seul
qui déclare « vouloir sortir de tout cloître religieux. »

Le même jour, la municipalité et le commissaire délégué vont au Châtenet ; ils vérifient les
scellés apposés et les objets inventoriés le 28
octobre, après la mort du prieur, (123 livres).
Nous n'avons pas cet inventaire, mais tout est
déclaré être en règle, et M. Puycomteau réitère
ses réserves portées dans le 1er inventaire et

s'oppose au déplacement des meubles et effets qu'il a droit de retenir jusqu'à ce qu'il soit payé du montant de la pension que lui devait le prieur pour lui et pour dom Buel, infirme.

Le 18 mars 1791, J.-B. Bourgoin, vice-président du directoire du district de Périgueux, y habitant la paroisse Saint-Silain, a présenté au corps municipal de Brantôme une délibération du directoire, en date du 16 courant, qui le commet pour faire emballer et conduire au bureau du district les effets en argent dépendant de la ci-devant communauté de Brantôme, pour y être pesés, vérifiés et remis à M. le procureur du syndic.

Quant aux autres effets mobiliers, il est arrêté que des affiches en annonceront la vente dans le délai d'un mois.

Immédiatement le corps municipal décide que la vente sera annoncée par affiches pendant un mois tous les jours de marché.

On procède à la levée des scellés du chartrier, pour y prendre tous les objets en argent. Le sieur J.-B. Richard et le sr Chaslus, ci-devant religieux bénédictins, « qui habitent encore la présente communauté », y joignent le ciboire en vermeil, la boîte aux saintes huiles et le calice, qui leur avaient été laissés. Le tout est placé dans une malle et remis à M. Bourgoin, commissaire, qui le fait transporter chez le sr Laborie, aubergiste, escorté de deux gardes nationaux pour veiller à la sûreté du dépôt.

Nous avons sous les yeux le tableau des *dé-pouilles des églises* fait à Brantôme le 24 ven-démiaire an III (1794), comprenant Brantôme, « Pardoux », Puydefourche et « Laurent ». Outre les objets en argent ci-dessus inventoriés et qui n'avaient pas été pesés, il mentionne un surplus de trois marcs une once six gros de matière d'or, quarante-sept marcs six onces de matière d'argent, et deux cent cinquante livres de matière de cuivre sans dorure. Il est signé : Labraud, Rousseau, Balam, Lacombe, maire, et Rougier.

De plus, les sieurs Chalus et Richard parais-sant désirer de sortir de la présente communauté et d'être déchargés des autres objets de sacris-tie, puisqu'ils ne font plus aucune fonction dans leur ci-devant église, le corps municipal se transporte dans la sacristie et reçoit 4 aubes, 4 chasubles, 8 nappes d'autel et 7 essuie mains, 5 purificatoires, le livre missel, la piscine et les burettes, qui leur avaient été laissés. Il ne man-que qu'une aube, dont se sert dom Ducheyron pour dire ses messes à la paroisse. Les clefs de la sacristie, du chœur, des armoires renfermant les reliques, et de l'église, sont remises à M. La-coste, curé de la paroisse, membre du conseil général, qui s'en est volontairement chargé comme étant le plus propre à veiller à la con-servation de tout, jusqu'à ce qu'il sera autre-ment ordonné. »

Le 14 avril 1791, Vincent Bonnefon, ancien

sacristain, marguillier de la ci-devant communauté des bénédictins de Brantôme, déclare que depuis que l'aumônier de la garde nationale de cette ville célèbre tous les dimanches une messe pour la garde nationale dans la grande église, il a remarqué que les rats dévoraient les ornements dans le vestiaire mis sous scellés.

Le lendemain, MM. Vaudrier et Blois, ex-religieux, commissaires députés par la société des Amis de la Constitution, présentent à la municipalité la délibération de MM. du directoire du département de la Dordogne, du jour précédent, mise au bas d'une pétition des citoyens de Brantôme. Elle loue les sentiments qui les portent « à consacrer par un service solennel la mémoire de l'illustre Mirabeau, » et invite les commissaires du département et du district qui assistèrent, à l'apposition des scellés sur les meubles de la sacristie de la grande église, à se prêter au désir louable des citoyens de la ville de Brantôme, et à leur procurer les ornements qu'ils désirent, « à la charge par la municipalité de faire inventaire des ornements qui seront pris pour la prière funèbre, et de veiller avec le plus grand soin à ce qu'il ne soit commis aucune dilapidation. » Sur ce, on tire du vestiaire « trois chapes noires, une chasuble, deux dalmatiques et deux étoles, un drap mortuaire et les petits assortiments desdits ornements pour servir au service de feu M. Mirabeau ». On sort également d'un autre meuble un devant d'autel noir. Après avoir constaté le dégat prévu par le sacristain Bonnefon, on replace les scellés. La cérémonie faite, les scellés sont levés de nouveau, les ornements remis dans leur armoire et les scellés apposés pour la quatrième fois.

Le 18 avril 1791, Sicaire Blanchard, membre du district de Périgueux, expose devant le corps municipal de Brantôme assemblé en l'hôtel de la mairie, qu'en vertu de l'arrêté du 18 mars dernier et de celui de M. le Procureur syndic du directoire en date du 11 courant, il vient procéder et assister, avec un officier municipal, à l'encan des effets qui sont dans la communauté des ci-devant religieux de cette ville, lequel encan doit être commencé ce jourd'hui par Bagouet le fournier, huissier commis par ledit arrêté, pour se continuer jusqu'à la fin. Sont exceptés les livres et les tableaux.

Les pages que nous avons sous les yeux s'arrêtent là. Nous ignorons si la vente à l'encan eut lieu ; mais il est certain que les habitants de Brantôme et des environs, qu'ils aient acheté à vil prix en ce moment, ou pillé un peu plus tard, à la faveur des plus mauvais jours de notre histoire, les objets mentionnés dans ce long inventaire, n'ont pu trouver de quoi s'enrichir dans les dépouilles sans valeur du monastère de Brantôme.

Les officiers municipaux, arrivés au terme de leur sinistre besogne, éprouvaient une visible déception. Quoi donc ! une des plus importantes

abbayes du Périgord était-elle véritablement
réduite à l'état voisin de la misère qu'accusait
leur minutieuse enquête ? Devant cette brutalité
des faits, ils voulaient, à toute force, découvrir
des traces de dilapidations. Les religieux décla-
rèrent qu'ils avaient vu quelquefois le domestique de M. de Puycomteau et celui de l'abbaye
emportant au Châtenet malles ou paqu ts ; mais
l'inventaire fait au domicile de l'ami du prieur
après la mort de celui-ci, explique suffisamment
ces faits.

Plus d'une fois nous avons entendu des
hommes sérieux affirmer que les derniers
moines de Brantôme, très relâchés et très riches,
avaient chacun deux chevaux pour leurs chasses
et autres plaisirs. L'inventaire, nous l'avons vu,
n'a enregistré qu'un vieux cheval, estimé 40 fr.
Quant à la discipline de la communauté, la main
de fer de l'austère prieur, dom Sigean, se char-
geait alors de la maintenir. Presque tous les
moines de Brantôme déposèrent contre lui
devant les officiers municipaux : ils l'accusaient
d'être dur, « du despotisme le plus absolu », de
les traiter « de *zéros en chiffre* », de les mena-
cer à tout propos de leur faire quitter le couvent.
Pour trouver, chez nos religieux de la fin du
xviiie siècle, les excès dont les charge encore l'i-
gnorance ou la mauvaise foi, il faut prendre pour
des vérités historiques, générales et constantes, la
boutade scandaleuse de Brantôme, dans sa
Digression contre les élections aux bénéfices.

La communauté des religieux de Brantôme étant dissoute, M. Lacoste, vicaire perpétuel de Brantôme et membre du conseil général, demeure seul chargé de l'administration de la paroisse. Il est probable, dit une note de M. l'abbé Salleix, qu'il fut prêtre assermenté.

Le 25 avril 1794, dix-huit prêtres du Périgord, condamnés à la déportation, arrivent à Brantôme. Comme ils entraient dans la ville, un savetier, du seuil de son échoppe, les injuriait grossièrement et formulait, en des termes qui ne s'écrivent pas, le vœu qu'on les jetât à l'eau. « Citoyen, ce sont des hommes, » lui répond M. Dugréseau, vicaire de Montignac ; et, tout confus, le sans-culotte rentre aussitôt dans sa boutique. Les gendarmes de Brantôme se montrèrent pleins d'égards pour les prisonniers ; ils les recommandèrent même, le lendemain, à leurs collègues de Mareuil. Un de ces prêtres, M. Bouchier-Vigneras, prieur-curé de St-Laurent-des-Bâtons, se trouva si malade qu'un médecin de Brantôme le fit entrer à l'hospice. Il y resta tout le temps de la déportation, pieusement soigné par les religieuses de l'établissement, qui continuaient sous l'habit laïque leur œuvre de dévouement aux pauvres malades (1).

Le 12 septembre 1790, deux religieuses, originaires de Brantôme, Jeanne de Faucher, âgée de 72 ans, supérieure des dames bénédictines,

____

(1) V. *Relation Duchazaud*.

Périgueux, et Marguerite Faucher des Combes, âgée de 24 ans, déclarent qu'elles veulent rester et mourir dans leur couvent (1).

En 1803, nous trouvons M. Bagouet à la tête de l'église de Brantôme ; il y reste jusqu'en juin 1811.

M. Martin Hairland lui succède le 1er décembre 1811.

Le 14 juillet 1812, Napoléon Ier signe à Wilna un décret érigeant l'abbaye de Brantôme en dépôt de mendicité.

Le 16 juin 1816, érection solennelle à Brantôme d'un buste de Louis XVIII. Etaient présents à la cérémonie : deux généraux, un maréchal de camp, un chef d'état-major, de nombreux officiers, le préfet du département, tous les maires du canton et toute la noblesse de la contrée. Le curé de Brantôme y prononça un discours étonnant par les exagérations de son royalisme (2).

En octobre 1816, M. Hairland passe à l'église de La Rochefoucauld, dans le diocèse d'Angoulême.

M. Pagès est curé en 1817.

De 1819 à 1823, M. Chaumel-Duplanchat signe les registres en qualité de vicaire-régent.

M. Barthélemy Manet, appelé à la cure de Brantôme en février 1823, mourut le 9 mai

(1) M. le chan. Brugière, *Livre d'or*.

(2) Note de M. Poitou, curé de La Rochefoucauld.

1860. M. Polydore, son vicaire, après avoir dressé l'acte de ses funérailles, fait de lui cet éloge : « Il accomplit le bien avec cette énergie que donne la double autorité du caractère sacerdotal et d'un rare talent. Il fut le restaurateur de la belle église de l'abbaye, qui lui coûta tant d'efforts d'un zèle persévérant, lequel, en effet, ne se démentit jamais. D'une influence immense dans les affaires temporelles, soit par ses hautes relations, soit par sa capacité personnelle, il en usa pour le bien de tous. Que de familles dans la mémoire desquelles son souvenir vivra toujours. Charitable jusqu'à l'excès, on le vit, durant quelques années de disette, vendre son argenterie et ses meubles précieux pour assister les pauvres. »

Pendant les 38 années de son administration, après avoir restauré l'église des bénédictins, qui devint église paroisssiale (bénite par Mgr George le 30 décembre 1858), M. Manet en poursuivit sans relâche l'ornementation mobilière. La garniture du grand autel (six chandeliers, la croix et les souches) coûta 1,000 fr. ; ses deux plaques émaillées, 340 fr. ; la porte de son tabernacle, 90 fr. ; celle de l'autel de la Sainte Vierge, 75 fr. ; la lampe lustre, 400 fr. ; (le tout acheté chez Bachelet, à Paris, en 1858). M. Manet paya 435 fr. les quatorze bas-reliefs du chemin de la croix, exécutés par Besand et de Behr, à Paris, en 1858 (don de Mme Vve Cuginaud aîné) ; l'ostensoir, 720 fr. ; la custode dorée, 285 fr. Avant cette acquisition, il avait fait remplacer les pieds en cuivre par des pieds en argent au ciboire et à l'ostensoir achetés en 1812 par le curé Hairland ; et, en 1843, il avait payé 400 fr. pour le calice en vermeil. C'est dans les premières années de son ministère à Brantôme, que furent aliénés l'église et le cimetière de Saint-Pardoux-de-Feix : MM. Dubouché et Gassou, dit Caraby, les achetèrent pour la somme de 530 fr. (1826).

Quelques réflexions semées par M. Manet dans les documents qu'il a écrits, révèlent en lui un penseur caustique, un esprit sententieux. Il disait du bureau de bienfaisance de l'époque : « Ce n'est qu'une lettre morte dont l'esprit est à l'hôpital. » A la question de l'évêché dans les *Renseignements*, « y a-t-il des tombeaux remarquables dans le cimetière ? » il répondait : « Oui, la mort ne tue pas toujours l'orgueil. »

M. Salleix lui succéda le 22 juillet 1860 (date d'installation). Il mourut le 26 septembre 1866.

L'église de Brantôme lui doit : le presbytère, dont la restauration coûta à la commune 15,000 francs (1863) ; les fonts baptismaux (620 fr.) et leur grille (850 fr.) ; les très mauvais vitraux du chevet de l'église (2,000 fr.), la chaire (2,500 francs.)

M. Lavergne, envoyé à Brantôme le 1er novembre 1866, fut nommé archiprêtre de Nontron au mois de décembre 1868. On lui doit la disposition actuelle du chœur de l'église : exhaussement du dallage, grilles et statues. Le travail de dallage seul s'est élevé à la somme de 566 fr. 75.

M. Labrande, transféré de la cure de St-Pierre-de-Chignac à celle de Brantôme le 28 février 1869, mourut à ce poste le 26 juillet 1892.

On lui doit la sacristie, d'après les plans de M. Dubet, architecte, qui a coûté 6,050 fr. en 1871 ; l'embellissement de la chapelle de la Sainte Vierge en 1872 : grattage des fresques de M. Lafon, perdues par l'humidité ; garniture de l'autel (230 fr.), lampes lustres (274 fr.), sculptures et autres travaux de Paincout, sculpteur (630 fr), 5 statues polychromisées de la maison Champigneule, de Bar-le-Duc, remplaçant, dans les arcades, les mêmes sujets du peintre Lafon, sauf saint Joachim, qui remplace Isaïe (1,800 fr.)

En 1874, M. Labrande fait installer trois cloches dans l'antique clocher de Brantôme, qui n'avait alors que le bourdon, fondu en 1732 par les frères Bareau, du poids approximatif de 1800 kilos, et dédié à saint Sicaire.

Il achète ensuite un ornement noir complet (580 fr.) ; 4 beaux candélabres, qu'il paye de ses deniers (1879) ; la châsse de saint Sicaire, 650 fr. (1888).

Il fait polychromiser les 14 bas-reliefs du chemin de croix, qui détonnent dans notre église sous leur bariolage de mauvais goût, (500 fr. payés aux Peracini).

Parmi les vicaires de M. Labrande, nous devons mentionner M. Lambert. C'est à son intelligente initiative que l'église doit l'acquisition de son principal harmonium et de la tribune des chanteurs (1880). Total de la dépense : 5.200 fr.

Avant la Révolution, la paroisse de Brantôme se composait de la ville, du château de Puymarteau, du moulin du Couvent, du faubourg des Reclus et du petit village du Châtenet. Son étendue, dans sa longueur, n'atteignait pas 1,500 mètres.

Après la Révolution, la paroisse fut augmentée de celles de Saint-Pardoux-de-Feix et de Saint-Laurent-de-Gogabo ; mais, dans la suite, le chef-lieu de Saint-Laurent, dont l'église fut démolie par son propriétaire, M. Paul Ducheyron, dans la crainte qu'elle ne servît à des usages profanes, obtint d'être réuni à la paroisse de Condat, ainsi que les villages situés entre la Dronne et la Côle.

Les registres de la paroisse de Saint-Laurent-de-Gogabo, commencés en 1739 par M. Faucher, curé, continués en 1763 par M. Dévillard, passèrent aux mains de l'officier civil le 1er janvier 1793.

Les plus anciens registres de Brantôme sont de 1621. M. Berthou y prend le titre de vicaire jusqu'en 1622 ; ce même nom reparaît de 1661 à 1663. Viennent ensuite : Joussen (1670-1693) ; Desmathieu (1696) ; Aumassip (1701) ; Rousseau (1702) ; Roger Desmon (1703-1727) ; Louis de Labercherie (1730-1750) ; Labrousse (1750-1752) ;

Poumeau (1752-1779) ; Gorse (1780-1789) ; Lacoste de Lagerbaudie (1789-1792), qui est mort misérablement à Hautefort.

Les registres de Saint-Pardoux-de-Feix ne remontent qu'à 1617. Ils ont été tenus par les prêtres dont les noms suivent : Barbut, vic. (1617) ; Berthou, vic. (1633) ; Louis de Natand, vic. (1647) ; Berthou, curé (1649) ; Natand, curé (1652) ; Lussandeau, curé (1652), qui fut enterré dans son église par Jean Penyx, archiprêtre de Valeuil, le 27 mars 1671 ; Joussen (1671) ; Barby (1671) ; Céron, curé (1679). (*Les visites épiscopales* de 1688 nomment Claude Lusandeau comme vicaire perpétuel à cette date, et ajoutent : « Les bénédictins lui ont abandonné la dîme qui ne vaut 200 l. ») Lussandeau, curé, avec Mespoulède, Gauthier et Beler pour vicaires, (1694-1708) ; Beler, curé (1708) ; Rousseau, curé (1710) ; Labercherie, curé, avec (nom illisible), Lafon, Paradol et Fournier, pour vicaires (1713) ; Rousseau, curé, avec Loubet, Lacombe, Cornet et Lasplace (1726) ; Rousseau permute en 1737 avec Fournier, curé de Mialet ; celui-ci est enterré dans son église de Saint-Pardoux (8 juillet 1764) par MM. les curés de Brantôme, de Saint-Laurent et de Boulouneix ; Laplace (Annet-Bonhomme) lui succède et administre la paroisse en qualité de curé jusqu'en 1792. Le 2 janvier 1791, avant la messe paroissiale, devant la municipalité et le peuple assemblé en foule dans l'église, il prête « le serment solennel de veiller avec soin sur les fidèles de la paroisse qui lui est confiée, d'être fidèle à la nation, à la loi et au roi, et de maintenir de tout son pouvoir la constitution... » Ont signé après lui : Gouzon, maire ; Faye, Doumen, Balam de La Combe, Jolivet, Queyroy, Charles Camus, Jacques Terrier, Guillaume Laforesterie, Guillomot et Lévêque, **greffier**.

Le 7 octobre 1792, « le citoyen Annet Bonhomme Laplace, curé », expose aux officiers municipaux de Saint-Pardoux-de-Feix qu'il veut « se conformer littéralement à la loi du 14 août dernier, et en conséquence il requiert d'être reçu à faire le serment prescrit ». S'est-il arrêté là ?...

Le 14 novembre 1790, sont élus officiers municipaux de Saint-Pardoux : Daniel Jolivet, Elie Doumen et Bernard Michaud, Queyroy et Dubreuilh. Ont été élus notables : Jean Ringuet, Jean Lombraud, dit Grand Frai, Jean Crabanat, Léonard Gaudout, Pierre Bordas le Cadet, dit Pape, et Pierre Constanti, qui s'adjoignent à Méry Guilloumot, Jean Chanlou, Charles Huguet, Sicaire Estivaux, Antoine Tarrier et Louis Doumen.

A Saint-Pardoux, la « contribution patriotique » n'avait pas donné de brillants résultats. Le 12 décembre 1790, les officiers municipaux sont d'avis que le curé, qui n'avait offert que 3 livres, en donne 12 ; ils taxent ensuite ceux des habitants de la commune qui n'avaient point souscrit :

Pierre Queyroy, Jacques Faye, Léonarde Champarnaud (veuve Doumen), chacun 3 livres ;

la veuve de Brachet Doumen, 2 livres 2 sols ;
Jean Pauniat et son épouse, 12 livres ; François
Mathieux, dit Négrau, 15 livres ; Jean et Etienne
Crabanac, 1 livre ; Guillaume Crabanac Faure,
Pierre Nicouleau le jeune, Léonard Gaudou,
Vincent Huguet, Pierre Bonnefon dit Peu de Force,
Martial Camus, Etienne Camus dit Bénitier, et
la veuve de Jean Eymar dit Coupaudou, chacun 15 sols ; Pierre Fournier dit Moulineau, et
Bernard Villeveygoux, chacun 12 sols.

Cette délibération fut annulée le 12 décembre 1791.

Une supplique de la municipalité de Saint-Pardoux au département, en date du 9 janvier 1791, nous apprend que les religieux de
Brantôme avaient dans la commune de Saint-Pardoux les domaines de Laforêt de la Cène et
de la Claperie, exploités chacun par deux paires
de bœufs. Ce dernier fut vendu aux enchères
18.350 livres.

Le 6 février 1791, le maire de Saint-Pardoux
expose au Directoire du département qu'il a sur
les bras « un enfant, trouvé ce matin exposé à
la porte de l'église, presque nu,... ne s'étant
encore présenté de nourrice, malgré que le curé
l'ait dit à l'église ce matin et ce soir. » Il demande s'il doit l'envoyer à la manufacture...

Les dernières enchères pour la vente des moulins de Grenier et de Lombraud sont reçues le

15 juin 1791. Les moulins du Couvent, de Vigonat et de Lafon étaient déjà vendus.

Le 16 octobre 1791 fut un jour de joie pour les citoyens de la contrée qui étaient dans le mouvement révolutionnaire : ils venaient d'apprendre que le roi acceptait la constitution. Pour se mettre en liesse, les édiles de Saint-Pardoux, « vu l'absence du curé, qui est à cinq lieues d'ici, au Grand-Jumilhac, dans son pays natal..., et qu'à la suite de la messe paroissiale célébrée par le religieux Bussière, ci-devant augustin, il a soudain chanté vêpres ; qu'il y avait très peu de monde, et qu'infailliblement il n'y aura personne après midi, ici, dans le bourg, qui n'est composé que de l'église, la maison presbytérale et l'habitation d'un métayer ; et qu'enfin le peu de monde qu'il y avait ce matin a dit et déclaré vouloir aller et se rendre, ce soir, à Brantôme, assister à la bénédiction et voir le feu de joie qui doit s'y faire et qui a été proclamé ce matin à la première messe et au son de la caisse ; ayant considéré toutes ces puissantes raisons » décident qu'ils se joindront audit Brantôme « pour ne faire en ce cas qu'un seul et même corps et n'avoir que le même esprit de joie et de réjouissance publique pour célébrer l'heureux achèvement de la constitution. »

Le 27 mars 1792, Jacques Faye, procureur de la commune de Saint-Pardoux, « parfaitement instruit que M. Saulnier, ci-devant résidant au

village de Chambon, est absent depuis environ
deux mois et qu'infailliblement il s'est émigré »,
va faire l'inventaire des effets mobiliers conte-
nus dans la maison Saulnier et les mettre sous
scellés.

Le 13 mai suivant, le corps municipal de
Saint-Pardoux organise deux compagnies de
garde nationale. Les capitaines sont Joseph
Balam-Greville, ancien militaire, et Mathurin
Petit-Bourland aîné ; les lieutenants, Louis
Balam-Lajarthe et Joseph Petit cadet ; les sous-
lieutenants, Méry Guilloumot, Nicolas Faye,
Sicaire Laforesterie, fils aîné du meunier de
Lombraud, et Guillaume Gouzou de Subreroche ;
les sergents, Nicolas Courrière, Elie Doumen,
Jean Conche et Jean Lombraud, fils du nommé
Jean Bru ; et les caporaux, Jacques Tarier fils,
Charles Camus fils, Martin Couleaud fils, Pierre
Guilhomot cadet, Guillaume Laforesterie, Vin-
cent Estivaux, Charles Lombraud et Jean Lom-
braud jeune. Après l'élection de tant d'hommes
pour commander dans une petite commune, en
restait-il beaucoup pour obéir ?

Le 1er juillet, les officiers municipaux dressent
l'état des biens des émigrés de la commune de
Saint-Pardoux.

« Pierre Saulnier possède une petite métairie
située au village de Chambon, roturière, rele
vant de Bourdeille,... vendue, il y a environ
trois ans, huit mille quelques cents livres audit

Pierre Saulnier, qui en doit encore le prix en capital et intérêts ; pour raison de quoi le vendeur a fait saisir les revenus.

» Messieurs Chalup possèdent un petit logis ou château... et deux médiocres métairies situées au lieu de Puimarteau... Ce bien appartenait en propre à Mme Magnac, veuve de M. Chalup-Fareiroux, qui ont laissé quatre fils qui sont officiers dans les troupes de ligne, et trois filles dont une religieuse, une autre mariée avec M. Bertin, et la troisième habite audit Puimarteau, qui dit que tout ce bien lui appartient pour ses droits légitimaires, paternels et maternels...

» Les dames filles de M. Chabans, mariées, une à M. Lafaye, et l'autre à M. d'Abzac, possèdent des biens situés à Lagrange-du-Cussou et Ressignac, consistant en deux corps de métairie à l'extrémité de notre territoire... dont majeure partie sur celui de *Saint-Senac*... Nous savons que ces domaines appartiennent à ces dames comme venant de M. de Losse, leur feu grand-père maternel ».

La municipalité de Saint-Pardoux allait parfois trop loin, dans son zèle révolutionnaire. Le 19 juin 1792, les dames de Chabans de Lafaye et de Chabans d'Abzac lui faisaient signifier par ministère d'huissier un arrêté des directeurs du district et département, qui déclarait nul le séquestre placé par elle, de concert avec la municipalité d'Agonac, sur leurs biens de Laborie-Fricard.

Le 7 octobre 1792, une religieuse bénédictine de Fongauffier, district de Belvès, Marie Gouzon-Lagrange, âgée de 42 ans, sœur de Gouzon, notaire, résidant sur le territoire de Saint-Pardoux-de-Feix, « jure d'être fidèle à la nation et de maintenir la liberté et l'égalité, ou de mourir en les défendant ». C'est à ce prix, où l'odieux marche de pair avec le ridicule, que de pauvres filles chassées de leurs couvents pouvaient avoir un morceau de pain !

Le 21 octobre 1792, « le citoyen Laplace, curé », préside à l'élection d'un maire et de cinq officiers municipaux. Sont nommés : maire, le citoyen Bort, des Tourteloux ; officiers municipaux, les citoyens Guichard Guilhomot, habitant des hauts faubourgs de Brantôme, Chatenet-Chambon, du village de Chambon, Ballan-Lajarthe, du village des Ballans ; Elie Doumen, du village de Lacôte, et Jacques Faye, des hauts faubourgs.

Le 27 décembre suivant, la municipalité de Saint-Pardoux fait retirer des mains du citoyen Laplace, curé de ladite paroisse, les registres des baptêmes, mariages et sépultures.

Le jour de Pàques, 31 mars 1793, la municipalité de Saint-Pardoux ayant appris « que la République était en danger... et qu'il se faisait des rassemblements de tous les côtés... arrête qu'il sera fait de suite une visite domiciliaire chez les gens suspects ; et on enlèvera toutes les armes et munitions qui se trouveront dans ces maisons ». Ce jour-là, évidemment, Saint-Pardoux crut avoir sauvé la République.

SAINT SICAIRE

ET

Son Pèlerinage à Brantôme.

Depuis onze siècles, la ville de Brantôme, en Périgord, possède les reliques de saint Sicaire, un des saints Innocents massacrés par ordre du roi Hérode, après la naissance de Notre-Seigneur à Bethléem.

Le corps de ce petit enfant, disent les annales et chroniques (1), fut donné à Pépin le Bref par le pape de Rome Etienne II. Charlemagne, fils

(1) Dom Mabillon, *Annal. Bened.*; Gallia Christ.; Reginon, *Chron.*; P. Dupuy, *L'Estat de l'église du Périgord*, etc.; *Antiquitates in pago Petragoreuci e diœcesibus Petrocoriorum ac Sare-*

de Pépin, avait une grande dévotion à cette relique ; il la portait avec lui dans ses guerres et lui attribuait la plupart de ses victoires. Lorsque cet empereur eut doté d'une belle église le monastère bénédictin de Brantôme, il y déposa les ossements de saint Sicaire.

D'après la légende de l'ancien bréviaire de Brantôme, rapportée par le P. Dupuy, annaliste du Périgord, c'est sur la révélation d'un ange que Charlemagne aurait choisi ce monastère pour l'enrichir de ce trésor sacré (1). En vue de perpétuer ce souvenir, encore de nos jours on expose, près de la sainte relique, un ange en bois doré présentant à la vénération des fidèles le corps du petit martyr couché dans son berceau.

Le même annaliste nous apprend que le nom de cet Innocent était demeuré longtemps inconnu. Ce fut un démoniaque, dit-il, qui le révéla en s'écriant : « Sicaire, saint martyr, tes prières me brûlent ! » Et le savant religieux y

latentium Benedictinæ, a D. Claudio Estiennot et Fr. Renato du Cher, e mon^{rio} Solemniaci ad Brianciam. (Solignac sur la Briance) M DC LXXVI.

(1) Nous connaissons trois bréviaires contenant, à la date du 2 mai, l'office de S. Sicaire : 1° Le bréviaire monastique de Brantôme ; 2° celui de Périgueux, de 1559 ; celui de Sarlat, édité au xve siècle par Mgr Pons de Salignac. Les moines de Brantôme célébraient, comme on le fait encore, une seconde fête de S. Sicaire le 11 octobre, qui est, d'après les Bollandistes, l'anniversaire d'une translation de ses reliques.

découvre aussitôt un sens étymologique en rapport avec la destinée de l'enfant : « C'est-à-dire qu'il mourut percé d'un poignard ; *quod sicâ confossus occubuit.* »

Le culte de saint Sicaire fut bientôt florissant, grâce aux faveurs célestes que la foi robuste des âges chrétiens sut obtenir de sa puissante intercession auprès de Dieu ; et pendant de longs siècles ses précieuses reliques, entourées de la vénération populaire, virent accourir, dans l'église qui les abritait, la pieuse foule des pèlerins.

Cette dévotion déborda même sans retard de Brantôme. Dans toutes les contrées voisines on donnait fréquemment aux enfants les noms de Sicaire, pour les garçons, et Sicarie pour les filles (1) ; de grands seigneurs, tels que les Bourdeille, se déclaraient vassaux des abbés de Brantôme, en leur qualité de lieutenants de saint Sicaire ; et des églises et chapelles se fondaient sous le vocable du saint martyr.

Nous savons par un Pouillé des paroisses du Périgord au xiiie siècle, qu'il en existait une en l'honneur de saint Sicaire dans la Double, sur le territoire actuel de St-Michel-l'Ecluse.

Non loin de la petite ville de Mussidan, la

(1) Les registres de la paroisse de St-Front-la-Rivière nous apprennent que l'on vouait aussi à saint Sicaire les enfants *avant leur naissance.* (Voir, à la date du 26 avril 1637, l'acte de baptême de Sicaire de Lagarde).

paroisse des Lèches invoque saint Sicaire comme patron local et titulaire de son église (1).

Montagrier, qui appartenait à l'abbaye de Brantôme, possède encore une chapelle de saint Sicaire, avec pèlerinage annuel fixé au 2 mai.

Dans l'église de Grignols, canton de St-Astier, il existe une chapelle sous le vocable de saint Sicaire, où l'on se rendait autrefois en dévotion le 2 mai.

A la même date, on fête encore notre saint enfant à Latourblanche. On y porte les enfants malades ou rachitiques.

La Rochebeaucourt avait aussi dans son voisinage une chapelle dédiée à saint Sicaire.

Dans la commune d'Eygurande, un village porte le nom du petit martyr.

Au second plan d'une vieille peinture de l'église de Saint-Jean-d'Ataux, figurent deux jeunes martyrs tenant à la main une palme. D'après la double inscription qui les accompagne, l'un d'eux, en tunique rouge, n'est autre que saint Sicaire.

En Limousin, notre petit Innocent était connu et invoqué dès le x° siècle. En 990, Hilduin, évêque de Limoges, donna l'église de Perpezac-le-Noir (aujourd'hui du diocèse de Tulle) au monastère de Brantôme, dont il avait été abbé, et saint Sicaire devint le patron de cette église et du prieuré qui lui fut adjoint (2).

(1) Voir les registres de cette paroisse, années 1747, 1773-1786, 1842.

2) M. l'abbé Poulbrière, *Dict. hist. et archéol. des paroisses du diocèse de Tulle*.

Au siècle suivant, son culte s'étendit plus loin encore : en 1060, Alboin, fils d'Harold, roi d'Angleterre, entreprenait un long pèlerinage. Dans ses courses, il visita Brantôme. Ayant fait rétablir une église dédiée à saint Thomas, près du château de Panat, dans le Rouergue, il lui donna pour patrons saint Pierre et saint Sicaire innocent (1).

Enfin Périgueux lui-même eut sa chapelle de saint Sicaire, sur un des coteaux qui l'environnent et qu'on appelle toujours *Terme Saint-Sicaire*.

De leur côté, les fils de saint Benoît conservaient avec un soin jaloux le dépôt royal confié à leur vigilance. Un incident du xiie siècle, mémorable surtout pour Brantôme, va nous en donner la preuve.

En 1183, « la confédération des barons d'Aquitaine qui s'étaient soulevés contre Richard Cœur de Lion, à la voix de l'héroïque troubadour Bertrand de Born, venait de se disloquer, laissant sans emploi de nombreuses bandes de mercenaires. Ces soldats, livrés à eux-mêmes et accrus vraisemblablement sur leur passage de certains éléments rustiques toujours prêts à la révolte, se divisèrent en deux groupes, dont l'un assiégea Brive et l'autre se porta vers le centre du Périgord, visant de préférence Brantôme. On les appelait les *Paillers*, parce qu'ils

(1) Mabillon.

portaient autour de leurs bourguignots des rouleaux de paille destinés à allumer l'incendie. « Ces fils des ténèbres », comme les appelle le chroniqueur périgourdin Geoffroi, prieur du Vigeois, mirent complètement à sac le monastère et la ville. Sans pain, sans ressources, sans refuge, réduits à errer de tous côtés à l'aventure, les moines n'eurent cependant qu'un souci, celui de sauver leurs précieuses reliques. Ils firent en sorte que saint Sicaire obtînt un asile au château de Bourdeille (1). »

La sollicitude des moines de Brantôme pour leur sainte relique apparaît encore dans quelques notes, inscriptions et procès-verbaux parvenus jusqu'à nous.

Estiennot nous a transcrit le texte d'un vieux parchemin trouvé dans le reliquaire de saint Sicaire, et dont l'écriture accusait, d'après lui, le xie siècle. En voici le titre : « Lettre testimoniale comme Charles le Grand, Roy de France et Empereur, a fondé l'abbaye de Brantolme pour y mettre le corps de M^r saint Sicaire, innocent et martyr, et comme l'église de ladite abbaye a esté dédiée par le pape Léon à l'honneur de M^r St-Pierre. »

En 1463, un procès-verbal du 17 janvier constate qu'après le pillage de la bibliothèque du monastère par les Anglais (2), la sainte relique

____

(1) G. Bussière, *Bulletin de la Soc. hist. et archéol. du Périgord*, t. xx, p. 446.

(2) La guerre de cent ans était cependant terminée depuis 1453.

du martyr Sicaire conserve toujours son registre d'authenticité, « un très grand volume en parchemin, d'une écriture très ancienne, relevée d'élégantes enluminures, » que les pillards n'avaient pas trouvé commode à emporter (1).

Trente et un ans plus tard, les religieux bénédictins durent inscrire sur leur registre le nom d'une illustre pèlerine : l'an 1494, la fille de Louis XI, sainte Jeanne de Valois, après une visite aux restes sacrés de saint Martial de Limoges, « prit son chemin pour aller à Cadouin, à S. Sicaire de Brantôme, et de là à N.-D. d'Autefaye (2). »

Frère Girard, dans sa notice sur l'abbaye de Brantôme, adressée en 1636 au P. Robert Quatremaire, religieux bénédictin à St-Germain-des-Prés, raconte que les reliques de S. Sicaire « sont dans une très belle, grande et ancienne châsse, couverte de lames d'or et d'argent doré, enrichie de très belles pierreries. Sa fête est très célèbre dans le pays, le 2 de mai, où il se fait un très grand concours de peuple ; et, comme on lui a grande dévotion, aussi sent-on souvent son secours par de fréquents miracles, particulièrement sur les possédés ou ceux qui sont à l'article de la mort, lesquels il tire comme du sépulcre, d'où vient que, le jour de sa fête, on voit à

---

(1) C. Estiennot et René du Cher, *Antiquitates bened.*

(2) Procès-verbal dressé par l'abbé de Saint-Martial (Bulletin de la Soc. archéol. du Limousin, t. XII, 1re livr.).

la procession quantité de personnes affublées
dans leurs suaires, qu'ils lui ont voués dans leur
maladie et qu'ils offrent au retour de la même
procession. »

Dans son rapport du 13 avril 1649, Pierre Berthou, vicaire perpétuel de l'église paroissiale
Notre-Dame de Brantôme, signale en premier
lieu, dans le trésor de l'église abbatiale, « la
châsse de saint Sicaire Innocent, un des enfants
hébreux... sur le grand autel de l'esglise » qui
lui est dédié (1).

Cependant les rapports et les inscriptions en-
luminées ne suffisaient pas aux religieux de
Brantôme pour la gloire de leur vénérable relique. Ils firent encore parler la pierre, le bois, le
bronze.

Après avoir reconstruit leur église ruinée par
les Normands, ils y annexèrent, au xiie siècle,
plusieurs chapelles. Dans l'un des murs sans
doute, ils firent sculpter un bas-relief en double
panneau représentant, à gauche, la scène san-
glante des saints Innocents égorgés par les soldats d'Hérode, et, à droite, trois de ces petits
martyrs introduits dans la gloire céleste par deux
anges. Ce monument de la piété monacale envers
saint Sicaire existe encore. M. Abadie, le der-

(1) Majus altare B. Sicarii *(Gallia christ., abbat. catalog.,* t. II
col. 1494. A la fin du xive siècle (1391), un testament au nom de
Raymonde de Chambon mentionne les quatre autels de l'église
des religieux de Brantôme, alors paroissiale : ils étaient dédiés
à Notre-Dame, à S. Sicaire, à S. Michel et à Ste Catherine.

nier architecte de l'église de Brantôme, l'a fait encastrer, lors de la restauration de cet édifice, dans le mur de gauche, près du grand portail d'entrée, au-dessus du bénitier monumental.

Vers le XVIe siècle (1), un artiste sculptait deux bas-reliefs en bois, d'assez grandes dimensions et très habilement travaillés. Ils sont aujourd'hui le principal ornement de l'abside de notre église (2). Celui de droite reproduit d'une manière poignante le carnage des Innocents. Il y a là une vérité de ton, une variété de détails, une intensité de vie, que l'on dépasserait difficilement dans les œuvres de ce genre. Celui de gauche offre la première page de l'histoire de saint Sicaire à Brantôme. L'abbé du monastère est sorti de son église à la tête de ses religieux : il va à la rencontre de l'empereur Charlemagne. Celui-ci, tenant dans les mains le corps de saint Sicaire, le manteau royal relevé par deux petits pages, s'avance majestueusement avec son escorte de guerriers, pour remettre au prélat l'insigne relique dont il dote son abbaye.

Dans le même siècle, on fit fondre une cloche pour l'église de Saint-Pardoux-de-Feix. L'inscription en relief invoquait saint Sicaire en même temps que le patron de la paroisse : *Sancte Sicari, ora pro nobis. Sancte Pardolphi, ora pro nobis. 1584.*

---

(1) Le XVIIe siècle, d'après M. G. Bussière.
(2) On dit que l'État, qui en voulait faire l'acquisition pour musée de Cluny, en avait offert 30,000 francs.

La grosse cloche de notre beau carillon, qui fut coulée en 1732, est également dédiée à saint Sicaire.

Au commencement du siècle dernier, le *Journal de Voyages* de dom Jacques Boyer, religieux bénédictin, nous montre la sainte relique jouissant toujours, dans son église abbatiale, d'un culte populaire qui s'appuyait sur des faits d'éclatante protection :

« Le concours du monde qui vint à la fête de saint Sicaire (2 mai 1713) était surprenant, quoique le temps fût mauvais. Nous fîmes la procession en chape par la ville, et deux diacres portaient le chef du saint martyr innocent. Il y avait des gentilshommes et des dames de la première qualité, qui suivaient la procession, pieds nus, avec un suaire sur la tête, en actions de grâces de ce que, par les mérites du saint, ils avaient été tirés des portes de la mort. Je fus édifié de la dévotion du peuple. La foire fut très bonne ».

En 1790, les moines de Brantôme, chassés de leur couvent, virent s'éclipser la gloire dix fois séculaire du pieux dépôt confié à leur église. Le 17 juin, le maire et les officiers municipaux de Brantôme, en exécution d'un décret de l'assemblée nationale, entrent dans l'abbaye de cette ville et commencent à inventorier ses biens. A la deuxième page de leur rapport, nous trouvons ces lignes :

« Ensuite sommes revenus dans le chœur de

ladite église, où étant, lesdits religieux nous auraient ouvert une armoire élevée sur une crédence du côté de l'évangile, où est placée la relique de saint Sicaire, qui consiste dans un coffret d'argent enrichi de quelques pierreries ; cette châsse est soutenue par deux anges. Au-dessus de cette relique on voit la statue de saint Sicaire ».

Dix mois plus tard, on vendait à l'encan les meubles de l'abbaye.

Qu'advint-il alors des reliques de saint Sicaire ? Une personne digne de foi, Marie Bonnefon, va nous l'apprendre :

« L'oncle de feu mon père, qui se nommait Martel, exerçant la profession de coutelier à Brantôme, fut requis pour aider à démonter les ornements de l'église. Lorsqu'on fut à la châsse des reliques de saint Sicaire, il réussit, sans qu'on le vît, à en cacher sur lui une partie : deux morceaux du crâne du saint Sicaire, qu'il porta chez lui » et garda dans un coin du grenier de sa maison, sous un monceau de vieilles hardes qui les mettaient à l'abri de toute perquisition.

Ils y restèrent jusqu'à sa mort, qui les fit passer, par droit d'héritage, dans les mains de son neveu, le père de Marie Bonnefon.

Sous l'épiscopat de Mgr George, M. Manet, curé de Brantôme, les fit restituer à son église par l'entremise de deux religieuses, sœurs Nénert et Bonnet.

Cependant la vénérable relique ne retrouva point dès lors ses gloires d'autrefois. Son sort semblait lié à celui de l'église qui l'avait long-temps abritée. Or, celle-ci était encore abandon-née, déserte, déshonorée !...

Lorsqu'elle fut restaurée, le nouveau pasteur, M. l'abbé Salleix, méditait d'y réintégrer triom-phalement les insignes parcelles échappées à la Révolution, lorsqu'une mort prématurée l'enleva brusquement de ce monde (1).

Son successeur, M. l'abbé Lavergne, fut trop vite transféré de la cure de Brantôme à celle de Nontron pour trouver le temps de réparer l'in-justice des mauvais jours envers l'auguste reli-que. La Providence réservait au saint prêtre qui lui succéda, M. l'abbé Labrande, la joie de relier, en l'honneur de saint Sicaire, les siècles d'un glorieux passé aux temps présents pleins d'espérances pour notre illustre pèlerinage.

Ce vénérable pasteur provoqua un nouvel examen de la relique. L'autorité diocésaine nomma une commission où figurait M. le doc-teur Galy, président de la Société historique et archéologique du Périgord. Après bien des re-tards, le rapport de cette commission, lentement mais sagement élaboré, conclut à l'authenticité

____

(1) Les archives de la paroisse doivent à M. Salleix un procès-verbal revêtu de sept signatures, où nous remar-quons celles de Bonnefon, coutelier, et de sœur Anastasie Nénert. Ce document confirme les détails donnés plus haut et recueillis par M. Manet.

des deux fragments de crâne soustraits de la châsse de saint Sicaire et conservés par la famille Martel-Bonnefon.

Bientôt après cette décision, un Indult de Rome, en date du 21 mars 1887, accordait à l'église de Brantôme la faveur d'une messe votive solennelle « en l'honneur d'un des saints Innocents » le 2 mai et le 11 octobre, jours des grandes ostensions annuelles. L'antique pèlerinage de saint Sicaire à Brantôme se trouvait ainsi intégralement relevé.

Le 2 mai de la même année, le R. P. Carles, missionnaire et hagiographe du Périgord, chanta le premier cette messe votive concédée par Léon XII à saint Sicaire. Il avait été à la peine pour obtenir la bonne issue des démarches de M. Labrande à Rome et à Périgueux, il était juste qu'il fût à l'honneur (1).

L'année suivante, la relique du bienheureux martyr fut placée dans une châsse élégante, en cuivre doré, due au ciseau de M. Victor Lambinet, orfèvre à Bordeaux. C'est dans ce splendide reliquaire qu'elle repose toujours et reçoit le culte ardent des pèlerins du Périgord, du Limousin et de l'Angoumois. Ils viennent en grand nombre, surtout le 2 mai et le 11 octobre, solliciter quelque nouvelle faveur ou offrir un tribut annuel de remercîments pour une protec-

(1) Nous avons fait de larges emprunts au mémoire sur saint Sicaire signé du P. Carles et déposé par lui dans les archives de l'église de Brantôme.

tion déjà accordée. Ils présentent souvent des enfants malades, avec l'espoir d'obtenir leur guérison par l'intercession de l'enfant martyr.

Leur pèlerinage comprend d'ordinaire un évangile, un cierge, une messe et l'immersion de quelque linge à l'usage du malade dans l'eau abondante et pure dont les nappes souterraines, avant de sourdre au pied des roches béantes pour aller se perdre dans la rivière, sillonnent et baignent la colline qui abrite depuis onze siècles le moutier bénédictin et ses précieuses reliques.

Le 8 octobre 1897, l'église de Brantôme recevait la visite, en actions de grâces, de M. l'abbé Célérier, curé de Saint-Ybard (diocèse de Tulle).

« Dans ma première enfance, nous racontait cet ecclésiastique, j'ai été l'objet d'une évidente manifestation de la puissance de saint Sicaire.

» A l'âge de vingt mois, je fus atteint d'une maladie tellement grave que l'on désespérait de ma guérison. Paralysé de la moitié du corps, je restai comme mort pendant neuf jours, je fus aveugle pendant six mois. Mon vieux père et ma vieille mère, que j'ai le bonheur d'avoir avec moi, me répétaient un de ces soirs, pour la centième fois, que, durant les neuf jours les plus critiques de ma maladie, un grand nombre de personnes de Vigeois vinrent pour être témoins du fait extraordinaire d'un enfant qu'il fallait piquer avec une épingle pour lui faire donner quelque signe de vie. Parfois, je poussais un léger soupir qui semblait devoir être le dernier. Mon père, homme d'une foi vive et d'une grande piété, demandait instamment à Dieu de m'accorder la vie. Sur le conseil d'une religieuse du Sauveur, il me voua à saint Sicaire avec la promesse d'un pèlerinage à Brantôme. A partir de ce moment, je commençai d'aller mieux. Aujourd'hui, il ne me reste de mon ancien état qu'une faiblesse de la vue provenant de taches qui voilent en grande partie la pupille de l'œil.

» Voilà, Monsieur le doyen, le récit que m'ont fait mes vénérés parents. Je ne puis me défendre d'une profonde émotion chaque fois qu'ils me rappellent ces souvenirs de la salutaire protection de saint Sicaire.

» Je suis très heureux, en ce jour, d'accomplir mon pèlerinage, après bien des années d'un retard qui me pesait, quoique involontaire, et je souhaite que tous les parents qui ont la douleur de désespérer de la vie de leurs enfants, les recommandent avec foi et confiance à saint Sicaire, auquel je dois l'honneur d'être prêtre ».

Prière à saint Sicaire

Tirée du Bréviaire de Périgueux (xvie siècle),
office du saint, 1res vêpres, à *Magnif.*

Salut, très saint martyr, salut, saint Sicaire, membre de la milice céleste. Pour avoir offert au Roi des cieux les fleurs empourprées de vos premiers vagissements, vous avez acquis une place tout près du trône de la Majesté suprême. Priez sans cesse le Seigneur, nous vous en supplions, afin que vos serviteurs soient un jour là-haut les cohéritiers de votre gloire. Ainsi soit-il.

TABLE ALPHABÉTIQUE DES MATIÈRES

PÉRIGUEUX. — IMP. DE LA DORDOGNE.

PUBLICATIONS DU MÊME AUTEUR :

1. — Le Livre des Mères (catéchisme pour les petits enfants), 36 pages, in-32.
2. — L'abbé Rol (notice biographique), 74 p., in-18.
3. — La fin du monde d'après la bible et la tradition (3e édit.), 112 p., in-18.
    — Bouquets spirituels pour tous les jours de l'année, 372 p., in-12.
5. — Clavel, l'ouvrier-magistrat modèle, 144 p., in-18.
6. — Vie des saints pour tous les jours de l'année, grand in-8o, illustré (2e édit.).
7. — Fêtes chrétiennes, grand in-8o illustré (nouvelle édition).
8. — Saint François de Paule (abrégé de l'histoire du saint par Mgr Dabert), 180 p., in-18.
9. — Saint Dominique, d'après les documents de son siècle, 180 p., in-18.
10. — Au pied des autels, cantiques à Jésus et à Marie (musique et accompagnements d'orgue), 84 p., in-8o.
11. — Le chrétien à confesse (feuillet in-32).
12. — La salutation angélique (deux voix égales, orgue obligé, deux violons et un violoncelle *ad libitum*).

NOTA. — Pour les numéros 6 et 7, s'adresser à la librairie Desclée, Lille.

Pour les numéros 8 et 9, s'adresser à la librairie Mame, Tours.